대한민국,
비전을
경영하라

Vision
Korea

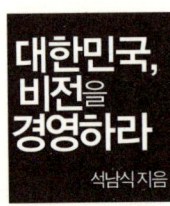

대한민국,
비전을
경영하라

석남식 지음

초판 1쇄 발행 2007. 11. 7.   초판 2쇄 발행 2007. 11. 30.
발행인 | 고용석   발행처 | 다우출판사
등록번호 | 제03-01192호   등록일자 | 1999. 7. 15.
서울시 용산구 청파2가 71-14 3층   대표전화 | 02-701-3443
팩스 | 02-701-3442   E-mail | onbook@korea.com

ISBN   978-89-88964-36-1 03340

우리와 세계의 미래를 읽는 35가지 키워드

대한민국, 비전을 경영하라

석남식 지음

Publishing
다우

'오늘'에 파묻혀 '내일'을 잊을 것인가?

우리 사회는 급박하고 혼돈된 현재 상황에 매몰된 탓인지 미래를 말하는 데 인색하다. 이는 현실 문제에 대한 인식뿐만 아니라 비전에 대한 담론까지 황폐화시킨다.

그러나 성공한 나라치고 미래 비전에 대한 담론이 없는 경우가 있던가. 대부분의 선진국은 언제나 남들보다 먼저 미래를 생각하고 준비하는 데 탁월한 능력을 보였다. 정책적 사안으로든 사회적 이슈로든 '미래'는 그들에게 중요한 주제였다. 전후 영국이나 미국이 그랬고, 현재 주목을 받고 있는 강소국들이 그러하다. 두바이는 일찍부터 '석유 고갈' 이후를 대비하는 비전을 세워 오늘날과 같은 부유한 나라를 만들었으며, 유럽의 대표적 강소국 핀란드 또한 '미래위원회'라는 국회 상임위원회를 통해 15년 후를 내다본 덕택에 남들보다 앞서 나갈 수 있었다. 이 밖에도 여러 선진국이 오래전부터 20~30년 후의 비전 설정에 박차를 가해 왔다.

이 책을 통해 나는 10년 혹은 20년 후의 대한민국 미래 지도를 그려 보고 싶었다. 그러려면 우선 우리가 껴안고 있는 현재의 문제점들을 하나하나 훑어보아야 했다. 최근 몇 년 동안 다양한 경로로 발표된 통계 자료를 바탕으로 우리의 현주소를 보다 명징하게 파악해 볼 필요가 있었다. 각종 보고서를 뒤지고 여러 매체에 보도된 자료들을 검토하는 과정에서 분명히 깨달은 것은 문제 속에 이미 답이 있다는 사실이었다. 따라서 문제 자체를 철두철미하게 고찰해 본다면 어떤 대응 방안이나 처방전 혹은 미래 전략까지도 마련할 수 있으리라는 기대감이 생겼다.

물론 지금 눈앞에 펼쳐진 상황을 해결하기도 벅찬데 한가하게 미래니 비전이니 하느냐며 곱지 않은 시선을 받을 수도 있다. 더욱이 한 개인의 앞날을 생각하는 일도 골치가 아픈데 하물며 한 나라 한 사회의 앞날을 내다보는 일이 과연 말처럼 쉽겠느냐는 힐난을 들을 수도 있다. 옳은 이야기다. 그렇더라도 한 번쯤은, 기자로서 대한민국의 현 상황에 대해 점검해 보면서 아울러 우리의 미래상에 대해서도 이야기해 보고 싶었다.

뭐 대단히 거창하게 미래를 '예측' 해 보자는 건 아니다. 다만 오늘의 현실, 내일의 비전에 대해 객관적이고 상식적인 자료들을 토대로 진심 어린 질문을 던지고 싶었다. 우리 사회가 지금 어디를 향해 가고 있는지…….

앨빈 토플러와 더불어 미래학계의 대부로 일컬어지는 짐 데이터 하와이 대학 교수 겸 미래학 연구소장은 "미래를 정확히 알아맞힐 수는 없지만, 자신이 원하는 미래를 설계하고 실현해 나갈 능력은 키울 수 있다"고 말했다. 즉 미래에 대한 다양하고 폭넓은 고민을 통해, 미래를 '예언(predict)' 하지는 못해도 '예측(forecast)' 할 수는 있다는 것이다.

세계 10위권의 경제 대국으로 우뚝 선 우리나라가 정작 중요한 일, 즉 국가의 장기적인 토대를 세우고 기획하는 일에는 지나치게 무심하지 않은가 싶은 이때, 짐 데이터의 말을 되새길 필요가 있지 않을까. 모쪼록 이 책이 가깝거나 먼 우리의 미래를 예측하는 연습을 하는 데, 그리고 구체적인 상을 만들어 가는 데 약간이나마 쓸모가 있기를 기대한다.

10년 남짓 기자 생활을 하면서 자의 반 타의 반으로 사회·경제 문제에 매달려 왔지만, 돌이켜 보면 나조차도 하루하루 쏟아지는 사건, 사고에 파묻혀 숲을 보지 못한 때가 많았다. 이 책을 쓰는 동안, 나름대로 대한민국의 현실과 미래를 고민하며 나무가 아닌 숲을 그려 보는 기회를 갖게 되어 그 누구보다 스스로에게 자양분이 되었다. 다만 낮은 경륜으로 인해 호랑이를 그리려다 고양이를 그린 건 아닌가 하는 걱정을 금할 길이 없다. 아무리 각종 실질 데이터를 동원했다 해도 각론의 섬세함을 채우기보다는 총론을 훑는 데만 머무른 면이 있음을 고백하지 않을 수 없다.

부족한 필자를 만나 마음고생을 한 출판사 식구들에게 감사한다. 고약한 성질을 받아 주며 자료 수집을 도와준, 사실상의 공동 필자라 할 수 있는 아내 조경오에게도 진심으로 고맙다는 말을 전하고 싶다. 무럭무럭 자라고 있는 아들 준호가 나중에 이 책의 내용을 이해할 수 있을 때 부끄럽지 않은 작업이 되었기를 감히 바란다.

2007. 11.
석남식

contents

contents

4

미래의 힘,
사람에게
달렸다

5

꿈꾸는
대한민국

1 세계는 지금
비전으로 경쟁한다

과거 개발 시대에는 후진국이 선진국의 모형을 그대로 따라가기만 하면 되었다. 그러나 국제 사회의 변화 속도가 빨라지면서 무턱대고 남의 나라 엉덩이만 뒤쫓다가는 불필요한 시행착오와 오류를 겪을 수 있다. 각 나라의 특성에 맞는 '맞춤형 비전'이 필요한 시대가 되었다는 뜻이다.

Vision Korea

장작을 패는 데 쓸 수 있는 시간이 여덟
시간이라면 나는 그중 여섯 시간을 도끼
날을 버리는 데 쓸 것이다.

— 에이브러햄 링컨, 미국의 16대 대통령

두바이는 비전을 먹고산다
꿈꾸는 자만이 꿈을 이룰 수 있다

얼마 전 국내 유수 기업의 최고 경영자들 사이에 "두바이를 보지 않았으면 창조 경영을 논하지 말라"는 유행어가 돌았다. 2007년 2월에는 〈포브스 코리아〉가 국내 기업 경영자들을 대상으로 '리더십 키워드'에 관한 설문 조사를 실시하면서 '해외에서 가장 영입하고 싶은 CEO'를 물었는데 두바이의 국왕 셰이크 무함마드가 1위로 뽑히기도 했다.

CEO가 부러워하고 닮고 싶어 하는 CEO로 선정될 정도로 주목을 받고 있는 셰이크 무함마드. 그러나 그는 "두바이에서 지금 벌어지고 있는 것은 내가 계획한 것의 10%에 불과하다"며 여전히 자신만만해하고 있다.

2006년, 두바이를 찾아볼 기회가 두 번 있었다. 처음 두바이로 떠날 때는 좋은 소문을 하도 많이 들은 터라 기대감도 컸지만 한편으로는 걱정도 없지 않았다. 더운 중동의 사막 기후에 적응할 수 있을까, 이라크 전쟁의 여운이 채 가라앉지 않아 테러가 자주 일어난다는데 신변의 위협은 없을까…… 이런저런 생각이 머릿속을 떠돌았다. 하지만 한 번 두 번 두바이를 다녀오면서 그런 기우는 '나도 이런 나라에서 살고 싶다'는 생각으로 바뀌었다. 실제로 두바이는 기업인뿐만 아니라 일반인에게도 '가장 가 보고 싶은 나라' 중 하나로 꼽힌다.

그러나 두바이는 국가가 아니다. 아랍 에미리트 연합(UAE)을 구성하는 7개 토후국 중 수도인 아부다비에 이어 두 번째로 큰 부족일 뿐이니 '도시'라고 해야 옳을 것이다. 그런데도 대부분의 사람이 UAE라는 나라보다 두바이라는 도시를 먼저 떠올린다. 더 나아가 큰형 격인 아부다비보다 먼저 두바이를 머릿속에 그린다.

두바이에 세계의 이목이 쏠리는 까닭은 무엇일까? 두바이가 보여 준 눈부신 경제 발전 덕분이다. 두바이를 방문해 공항을 벗어나면 가장 먼저 눈에 띄는 것이 바로 거대한 타워크레인 숲이다. 도시 전체가 '공사 중'이라 해도 과언이 아닐 정도로 두바이는 도시 개발이 한창이다. 미국이나 유럽의 건설 업체들이 타워크레인을 대여하려고 관련 업체를 찾아가면 "두바이로 가 보라"는 말을 들을 정도란다. 정확한 수치는 아니겠지만 전 세계 타워크레인의 20~30%가 두바이에 몰려 있다는 이야기도 들린다. 놀라운 일이 아닐 수 없다.

그러나 두바이에 대해 알아 갈수록 이 나라의 대단함은 단순히 타워크레인의 숫자에 머물지 않는다는 것을 깨닫게 된다. 우선 두바이 사람들은 먹고살 걱정을 하지 않아도 된다. 세금 걱정도 필요 없다. 전기 요금이나 수도 요금, 주민세 같은 걸 전혀 거두지 않기 때문이다.

그뿐만이 아니다. 두바이에는 '스폰서십(sponsorship)' 이라는 제도가 있어서 이곳에 회사를 차리고 싶은 외국 기업은 의무적으로 현지인을 스폰서로 두어야 한다. 두바이 전체 인구가 124만 명 정도인데 자국민 숫자는 30만 명 정도밖에 안 된다. 수많은 외국계 회사가 두바이에 진출해 있다는 점을 감안하면 동네 슈퍼마켓 아줌마조차 최소한 3~4개의 외국 기업에 스폰서로 등록되어 있는 셈이다.

스폰서십을 통해 돈을 받는 방법은 두 가지이다. 하나는 매달 일정액을 외국계 회사로부터 받는 것이다. 따라서 동네의 평범한 아줌마도 누구와 어떤 방식으로 스폰서십을 맺느냐에 따라 한 달에 적게는 수백만 원에서 많게는 수천만 원까지 앉아서 돈을 벌 수 있다. 왕족이나 권력 계층은 월정액으로 스폰서십을 맺지 않고 일정 비율로 계약을 맺는다. 그래서 '기침 좀 한다' 는 왕족이나 권력층은 매년 수백억 내지 수천억 원의 돈을 받고 있다.

그렇다면 글로벌 기업들은 왜 굳이 스폰서십이라는 제도적 부담까지 감내하면서 두바이로 진출하는 것일까? 그것은 두바이야말로 아랍의 새로운 허브로서 기업 하기 좋은 환경을 갖추고 있기 때문이다.

두바이가 '살고 싶은 나라'로 부러움을 사는 이유는 이것 말고도 또 있다. 두바이에서는 자국민이 해외로 유학을 가고 싶어 할 경우 해당 학교의 입학 허가서만 제출하면 유학비 전부를 정부에서 부담한다. 또한 두바이 사람들은 취직 걱정도 할 필요가 없다. 국가가 알아서 실업 문제를 해결해 주기 때문이다. 특히 외국계 기업은 일정 비율만큼 두바이 현지인을 고용하도록 법으로 정해 놓고 있다.

하지만 외국계 민간 회사는 두바이 사람들에게 그다지 인기 있는 직장이 아니다. 외국계 기업은 직무 경쟁이 심하고 일에 대한 스트레스가 커서 이런 데 취직하느니 공무원 준비를 하거나 공사에 자리가 날 때까지 기다리겠다는 사람이 많다. 굳이 애써서 일하지 않아도 생계에 지장이 없기 때문이다. 그래서 두바이에 소재한 일반 식당이나 가게에서는 현지인 노동자의 모습을 접하기가 어렵다. 이런 서비스업이나 각종 허드렛일은 인도나 파키스탄, 방글라데시 등지에서 온 이민자들이 맡고 있다.

세금 걱정도 없고 취직 걱정도 없는, 가만히 앉아 있어도 먹고사는 문제가 해결되는 나라. 지금까지 한 이야기만 놓고 보면 두바이는 말 그대로 '21세기의 유토피아'다. 어떻게 이런 일이 가능할까. 두바이를 잘 모르는 사람들은 '석유가 나니까 그렇겠지' 하고 무심코 넘겨 버리기 쉽다. 하지만 이 모든 일이 비단 석유의 힘만으로 가능했던 것은 아니다.

두바이에서 석유가 처음 발견된 때는 1976년이다. 이전까지 두바이는 사우디아라비아로부터 경제 원조를 받아 겨우 먹고살던 가난한 동네였다. 걸프 만에 위치해 어업을 주 소득원으로 삼으며 그다지 주목받지 못하던 이 지역에서 어느 날 석유가 발견되었고, 덕분에 두바이의 경제는 급속도로 발전했다.

그러나 흡사 유토피아 같은 오늘날의 두바이를 만든 진정한 원천은 '두바이의 아버지' 라고 불리는 셰이크 라시드의 남다른 상상력과 뚜렷한 비전에 있다. 그는 두바이의 현 국왕인 셰이크 무함마드의 아버지로, 1958년부터 1990년까지 두바이를 통치했다.

당시 두바이를 이끌던 지도자 셰이크 라시드는 두바이의 석유 매장량이 2020년이면 바닥을 드러낼 것임을 예상했다. 지도자로서 그는 2020년 이후에는 '무엇으로 먹고살 것인가'를 고민하지 않을 수 없었다. '석유가 떨어지면 어떻게 살 것인가? 다시 석유가 발견되기 이전의 가난한 상태로 돌아갈 수는 없다!' 라는 위기의식에서 출발한 장기 비전이 지금의 두바이를 만든 것이다.

문제는 석유 의존도를 어떻게 낮출 것인가였다. 이를 위해 두바이는 명분을 벗어던지고 철저히 실리를 택했다. 각종 규제를 풀어 줘 외국인이 자유롭게 투자하고 사업할 수 있는 환경을 제공함으로써 '기업 하기 좋은 곳' 이라는 인식을 심었다. 이른바 요즘 유행하는 '허브' 개념을 도입한 것이다. 걸프 만에 위치한 지리적 이점을 이용해 물류·교통·관광 허브를 지향하면서, 1985년에는 자유 무역 지대(free trade zone)를 만들어 수많은 외국 기업을 끌어들였다.

또한 새로운 두바이를 세계에 알리는 노력도 잊지 않았다. 두바이가 전 세계에 널리 알려져야 세계인의 이목을 집중시킬 수 있고, 그래야만 당초 목표한 '허브'라는 비전에 도달할 수 있다고 판단한 것이다. 우리가 두바이 하면 머릿속에 떠올리는 세계 최고의 7성급 호텔 '버즈알아랍', 최대 인공 섬 단지 '팜아일랜드', '더월드', 그리고 현재 세계에서 가장 큰 디즈니랜드보다도 세 배 이상 큰 규모로 사막 한복판에 조성될 '두바이랜드' 등은 세간의 주목을 끌기 위해 계산된 이벤트인 셈이다.

그리하여 세계 각지의 기업인과 관광객 등이 사막에 세워진 '세계 최대, 세계 최고, 세계 최초'의 시설을 보기 위해 몰려들었고, 두바이는 이들에게 기업 하기 좋은 도시, 무한한 가능성의 도시라는 이미지를 심어 줄 수 있었다. 특히 두바이 앞바다에 300개의 인공 섬을 세계 지도 모양으로 조성한 뒤 분양하겠다고 발표한 '팜아일랜드'는 중동의 '봉이 김선달'이라 해도 모자람이 없다.

2000년에는 향후 10년에 대한 고민을 담은 〈2010 비전〉도 선포했다. 당시 두바이는 2010년을 목표로 국내 총생산(GDP) 30조 달러, 1인당 국민 소득 2만 3000달러, GDP 대비 석유 의존도 4% 이하 달성 등의 목표를 내세웠다. 결과는 어떨까. 2007년 2월, 두바이는 다시

〈두바이 전략 플랜 2015〉를 내놓았다. 대부분의 사람은 〈2010 비전〉에 문제가 있어서 전략을 수정하는 것이라고 판단했다. 하지만 틀렸다. 오히려 정반대였다.

연인원 300명 이상을 투입하여 수립한 〈두바이 전략 플랜 2015〉의 내용을 살펴보면 누구도 벌어진 입을 다물 수 없을 것이다. 2000년에 수립된 10개년 계획 〈2010 비전〉은 5년 만인 2005년에 이미 모든 항목에서 목표치를 초과 달성했다. GDP는 당초 계획인 30조 달러를 넘어 37조 4000억 달러를 기록했다. 1인당 국민 소득 역시 3만 1140달러로 당초 목표보다 약 1만 달러를 추가 달성했다. 2000년부터 2005년까지 두바이의 평균 GDP 성장률은 연간 13%였다. 그리고 2005년 두바이의 경제 성장률은 16%에 달했다. 이는 최근 급부상하고 있는 중국(9%)과 인도(6%)의 경제 성장률을 훌쩍 뛰어넘는 경이로운 결과다.

〈2010 비전〉을 조기에 달성했지만 두바이는 그것에 일희일비하지 않고 곧바로 1년의 준비 기간을 거쳐 2007년 2월에 향후 8년을 내다보는 〈두바이 전략 플랜 2015〉를 새로이 선포했다. 당연히 목표는 이전보다 훨씬 상향 조정되었다. GDP 108조 달러, 1인당 국민 소득 4만 4000달러. 그러나 두바이가 내놓은 새로운 비전에 대해 토를 다는 사람은 없다. 이미 〈2010 비전〉을 통해 물류·교통·관광 허브를 지향한 전략이 틀리지 않았음이 입증되었기 때문이다.

‘2020년이면 석유 매장량이 고갈된다’는 위기의식을 느낀 현명한 지도자의 통찰력과 판단력, 그리고 창조력과 실천력이 두바이에 기적을 일으켰다. 물론 이 같은 기적의 열매는 국민 전체에 골고루 분배되고 있다. 모두가 불가능하다고 생각한 ‘복지를 동반한 성장’을 보여 준 셈이다. 이는 창의력을 바탕으로 한 합리적인 비전의 제시가 한 국가와 민족의 장래를 좌우할 수 있음을 보여 주는 대표적인 사례가 아닐 수 없다.

　물론 잘사는 나라 두바이도 여러 가지 문젯거리를 안고 있다. 외국인 노동자와 현지인 간의 서로 다른 계층 구조로 인해 언제든 사회적 갈등이 일어날 소지가 있고, 국가의 부를 국민에게 나눠 주다 보니 개개인의 경제 활동 참여가 저조한 것도 사실이다. 급속한 도시 개발로 인한 부동산 거품을 우려하는 목소리도 높다. 하지만 이런 것들조차 미래를 향해 거침없이 뻗어 나가는 두바이의 도전에 장애가 되지는 못한다.

　두바이의 국왕 셰이크 무함마드는 여전히 “실패를 제외한 모든 것이 가능하다”고 말한다. ‘견실한 비전 제시’와 ‘끝없는 도전’을 통해 계속해서 두바이 신화를 일구어 가는 그가 또 어떤 행복한 상상력을 발휘할지 사뭇 기대가 된다. 그리고 과연 우리에게는, 우리 사회에는 이러한 비전이 있는가 묻게 된다.

피해 갈 수 있는 것과 피해 갈 수 없는 것

더 먼 미래를 비출 전조등을 켜라

최근 몇 년 사이 대한민국은 재테크 도가니에 빠진 형국이다. 너도 나도 부자 열풍에 사로잡히면서 관련 서적들도 불티나게 팔려 나갔다. 사실 재테크란 개념은 우리에게 그리 오래된 것이 아니다. 국가적인 차원에서 근검절약과 저축이 요구된 적은 있지만 요즘처럼 자발적으로 모든 사람이 재테크에 빠진 건 얼마 안 된 일이다. 왜 이런 열풍을 맞게 되었을까? 돈 없는 사람일수록 살기 힘든 세상이 되리라는 걱정 때문이 아닐까?

얼마 전 온라인 서점에 책을 사러 들어갔다가, 유명한 재테크 책 저자의 인터뷰를 우연히 보게 되었다. 그런데 재테크 노하우를 책으로 펴낸 저자들의 고백을 들어 보면 그들도 과거에는 재테크에 문외한인 경우가 많았다. 인터뷰에 응한 그 저자 역시 "월급이 100만 원밖에 안 되어도 돈 모을 사람은 모으고, 월급이 500만 원이어도 안 하는 사람은 안 합니다" 라고 강조하면서 자신도 과거에는 "돈이 많아야만 재테크가 가능한 줄 알던 평범한 회사원이었다" 고 말했다. 그러다 나중에야 자기가 왜 그동안 돈을 모으지 못했는지 알게 되었는데, 그건 바로 "왜 돈을 모아야 하는지 몰랐기 때문" 이었다는 것이다. 그러면서 그는 재테크의 가장 중요한 원칙이자 비결은 "첫 번째도 목표, 두 번째도 목표, 세 번째도 목표" 라고 강조했다. 재테크에서도 미래에 대한 준비와 선견지명이 가장 중요한 덕목인 셈이다.

세상을 살아가면서 맞닥뜨리는 일 중에는 '피해 갈 수 있는 일' 과 '피해 갈 수 없는 일' 이 있다. 나이가 들면 그 누구도 늙는다거나 죽는다거나 하는 일을 피해 갈 수 없다. 그래서 사람들은 피해 갈 수 없는 일들에 대한 대비책으로 재테크를 통한 자산 마련이나 보험과 같은 안전장치를 생각한다. 피해 갈 수 없는 일을 조금이나마 유예하기 위하여, 그리고 더 나쁜 일을 피해 가기 위하여, 또는 앞으로 맞이할 삶을 좀 더 풍요롭게 가꾸기 위하여 나름의 방편을 마련하는 것이다. 한마디로 현재의 씀씀이를 줄여 미래의 삶을 살찌우자는 전략이다.

이때 대부분의 사람은 어떤 보험에 가입해야 좋을지 또는 어떤 펀드에 돈을 넣어야 더 높은 수익을 거둘 수 있을지 하는 단기적인 고려 사항에만 매몰되곤 한다. 그러다 보면 자칫 함정에 빠질 수도 있다. 앞서 재테크 전문가가 지적했듯이 재테크나 보험 가입 과정에서 가장 중요한 것, 즉 행위의 목표를 간과할 수 있는 것이다. 실상 눈앞의 수익률 몇 퍼센트보다는 전체 인생 계획에 따라 언제, 어디서, 무엇이 필요할지, 그에 따른 자산 배분을 어떻게 할지에 대한 중장기적인 설계(vision)가 우선이며, 그것이 바탕이 될 때 이러한 대비책들이 효과를 거둘 수 있다. 나아가 이러한 설계는 가능한 한 빨리 시작할수록 유리하고 장기적일수록 그 효력이 크다.

어떤 방법을 사용하든 간에 미래에 대한 설계는 누구나 살아가면서 필수적으로 해야 하는 일 중 하나이다. 너무나 당연히 해야 하는 일이기 때문에 이런 데 신경을 쓰지 않는 사람은 자기 삶에 대한 준비가 소홀하고 게으른 사람으로 치부된다. 헬렌 켈러도 말하지 않았는가. 맹인으로 태어난 것보다 더 불행한 것은 '시력은 있으나 비전은 없는 것'이라고.

국가 차원에서도 비전 설정만큼 중요한 과제는 없다. 개인이 스스로의 힘으로 세심하게 인생을 설계하고 위험에 대한 대책을 세워야 하듯이 국가도 다가올 미래를 준비해야 한다. 이것은 필요에 따른 선택이라기보다는 숙명의 문제다.

이때 중요한 것은 단기 현상에 대처하기 위한 대증적 요법이 아니라 먼 미래를 내다보고 장기적인 관점에서 비전을 제시하는 일이다. 어두운 밤길을 운전할 때에는 전조등을 상향으로 켜야 한다. 차의 속도가 빨라지고 주위가 어두울수록 더 멀리 비춰야만 사고 위험을 조금이라도 줄일 수 있기 때문이다. 국가도 마찬가지다. 더 멀리 까지 내다볼 수 있는 전조등, 즉 국민 전체의 삶의 질을 향상시킬 '비전' 이라는 이름의 불빛이 항상 켜져 있어야 한다.

요즘 우리 사회는 수많은 위험에 노출되어 있다. 저출산, 고령화, 잠재 성장률 저하, 사회 계층 및 소득 간 양극화, 남북한 사이의 긴장 관계 등 해결책을 찾기가 쉽지 않은 문제들로 둘러싸여 있다. 눈을 밖으로 돌리면 중국을 비롯한 신흥 개도국의 도전, 세계 정치·경제의 급속한 변화 등 복잡하고 미묘한 문제들이 산더미같이 쌓여 있는 형국이다. 이런 상황을 정부는, 사회는, 그리고 우리는 그저 넋 놓고 바라보고만 있을 것인가.

국가가 안팎의 도전에 직면하자 최근 우리 사회에선 '장기적인 국가 비전이 필요하다' 는 인식이 확산되고 있다. 2006년 한국개발연구원(KDI)이 실시한 '장기 국가 비전의 필요성' 에 대한 설문 조사를 살펴봐도 굉장히 많은 국민이 국가 비전의 필요성에 공감한다는 것을 알 수 있다.

전문가 281명과 일반인 1030명이 참여한 이 조사에서 일반 국민의 49.9%가 장기적 국가 비전이 '매우 필요하다' 고 응답했고, 44.1%는 '필요하다' 고 응답했다. 무려 94%의 국민이 장기적인 국가 비전의 필요성을 인정한 것이다. 전문가 집단 역시 크게 다르지 않았다. '매우 필요하다(71.6%)' 는 의견과 '필요하다(25.5%)' 는 의견을 합쳐

97.1%가 장기 비전의 필요성에 공감했다. 주목해야 할 점은 일반 국민보다는 전문가 집단이 '장기 비전이 매우 필요하다'는 의견에 더 많이 공감했다는 사실이다. 사회적 위기를 더 민감하게 인지하고 있기 때문에 국가적 비전 설정의 시급성에 대해서도 강하게 긍정한다는 방증일 것이다.

개인에게도 그렇듯이 국가에게도 피할 수 있는 일과 피할 수 없는 일이 있다. 이를테면 사회의 내부 갈등은 피할 수 있는 일이지만, 자연재해는 피할 수 없는 일이다. 하지만 현재를 통찰하여 전략적으로 미래 비전을 설정한다면 자연재해 문제까지도 '피할 수 있는 일'로 바꾸는 게 가능하다. 그래서 비전이 중요하다.

오늘날 우리나라를 둘러싼 외부 환경은 매우 급속도로 변화하고 있다. 국내의 산재한 문제들도 결코 해결하기가 만만치 않은 것들이다. 이 모든 과제는 얼핏 피할 수 없는 장애물처럼 보이기도 한다. 하지만 잘 생각해 보자. 이 또한 결국 동전의 양면 같은 게 아닐까. 그것을 어떻게 뒤집느냐에 따라 완전히 다른 결과가 나올 수 있다.

흔히 사람들은 실현 가능성이 없는 계획을 비유적으로 이를 때 바벨탑이란 말을 사용한다. 신의 노여움으로 인해 건설에 참여한 사람들의 언어가 갈리면서 탑이 끝내 완성되지 못했기 때문이다. 그렇지만 결과를 떠나 '비전 제시'라는 측면에서만 보자면 바벨탑 사건은 달리 평가받을 수도 있다. 신을 상대로 한 인류 역사상 유례없는 도전이었으며, 따라서 당시 사람들에게는 아주 매력적인 비전으로 받아들여졌을지도 모를 일이다. 바벨탑이 완성되었다면 역사는 그것을 지금과는 다른 가치로 조명했을 것이다.

물론 국가의 비전이 바벨탑과 같은 허상을 좇아서는 곤란하다. 실현 가능성 없이 단지 국민을 호도하기 위한 수단으로 사용되는 것은 바람직하지 않다. 개인이나 국가의 비전은 튼튼한 현실 인식에 바탕을 두어야 한다.

'피할 수 없다면 즐겨라' 라는 말이 있다. 두렵고 무서운 일을 만나더라도 그걸 피하려고 도망 다니지 말고 정면으로 돌파하라는 의미다. 그래야 삶이 한결 수월해지고 의외로 좋은 결과를 얻을 수도 있다. 국가의 중장기 비전을 설정하는 데에도 이런 태도가 필요하지 않을까.

왜 비전에 시큰둥한가?

정부가 '양치기 소년'이 되지 않으려면

요즘 출근길에서는 예전엔 볼 수 없던 진풍경이 펼쳐지곤 한다. 붐비는 지하철 안에서 나이 지긋한 노인들이 쌀 포대 같은 자루를 들고 이 칸 저 칸을 다니며 선반 위에 올려진 무가지를 부지런히 챙기는 모습이다. 폐신문지를 모아 팔아 봐야 몇 푼이나 건질까마는 그래도 그들에겐 유용한 생계 수단이다.

'촛불 켜 놓고 자다 화재로 참변.'

최근 들어 종종 신문 사회면을 장식하는 사건 기사다. 전기 요금을 내지 못해 전기가 끊긴 가정에서 촛불을 켜 놓고 잠을 자다 불이 붙어 죽었다는 가슴 아픈 사연이다. 이런 화재 사고가 겨울철 들어 자주 발생하자 한국전력공사는 기초 전력이라는 명목으로, 전기 요금을 내지 못하는 가정에 형광등 하나를 켤 정도의 전기를 공급하고 있지만 여전히 사고는 끊이지 않는다.

우리 사회에는 가난이라는 굴레를 벗지 못한 채 사회적 관심의 사각지대에서 생명을 위협받고 있는 이웃이 아직도 많다. 가난 때문에 고통의 질곡을 겪고 있는 사람들에게 '내일'이라는 단어는 사치에 가깝다. 그들에게 '앞으로 어떻게 살 것이냐'라는 질문을 던져 봐야 돌아오는 것은 한숨뿐이다. 이런 빈곤층에게 10~20년 후의 미래를 말하는 것은 불난 데 풀무질하는 꼴이다. 당장 하루하루 어떻게 입에 풀칠을 할 것인가가 그들의 최대 관심사일 테니까.

2006년 우리나라가 전 세계에서 1위를 차지한 항목이 있다. 반도체 얘기가 아니다. 불명예스럽게도 '생계형 자살 건수'가 세계 1위를 차지한 것이다. 경찰청의 보고에 따르면 2006년 한 해 동안 우리나라의 생계형 자살자는 전년보다 10% 늘어나 623명에 달했다. 3년 전과 비교하면 두 배나 급증한 수치다. 하루 2명꼴로 가난 때문에 세상을 등지는 통탄할 일이 대한민국에서 버젓이 벌어지고 있다.

통계청 자료에 따르면 우리나라의 빈곤층은 2003년 16.9%에서 2005년에는 18%*로 늘어났다. 정부가 각종 사회 보장 제도를 쏟아 내고 있는데도 빈곤층은 확대되는 추세다. 비록 빈곤층 비율에 대한 절대적 잣대는 아니지만, 보건복지부의 〈국민 기초 생활 보장 수급

---

* 284만 2000가구, 869만 3000명.

자 현황〉 자료를 살펴봐도 마음이 무겁기는 마찬가지다. 2001년 141만 9000명이던 기초 생활 보장 수급자가 2005년에는 151만 3000명까지 늘어났다. '기초 생활 보장 수급자' 란 근로 능력 등을 근거로 평가했을 때 자립하기가 어렵다고 판단되어 정부가 매달 최저 생활비를 지원하는 대상을 뜻한다.

문제는 기초 생활 보장 수급자의 수가 늘어났을 뿐만 아니라 질도 더 나빠졌다는 데 있다. 복지 시설 등에서 생활하지 않는 일반 수급 가구가 근로 등으로 벌어들인 소득의 월 평균은 2003년 25만 2000원이었지만 2005년에는 24만 2000원으로 줄었다. 또 상시직에서 일하는 일반 수급자는 2001년 2만 1000명에서 2005년 1만 3000명으로 줄었다. 일자리 경쟁에서 밀리면서 점점 더 빈곤층으로 전락하고 있다는 얘기다. 또 다른 조사에서는 상위 23%를 제외한 나머지 국민이 스스로를 가난하다고 생각하는 '상대적 빈곤층' 이라는 결과도 나왔다.

그렇지만 사회 한편에서는 전혀 다른 일이 벌어지고 있다. 미국의 한 증권사가 제출한 2006년 〈아시아·태평양 부자 보고서〉는 '100만 달러 이상의 재산을 가진 한국의 부자가 8만 6000명' 이라면서 부자 증가율에서 한국이 세계 1위를 차지했다고 덧붙였다. 우리나라에서도 부익부 빈익빈 현상이 심화되고 있다는 증거다.

절대적 빈곤층은 물론 상대적 빈곤층까지 늘어나는 마당에 국가의 비전이나 논하자고 하는 것은 꽤나 곤란한 일이다. 당장 먹고사는 일도 힘겨운데 수십 년 후를 이야기하는 게 쓸모없는 일처럼 보일 수도 있다. 아마 그것이 우리나라 국민이 국가의 장래 설계나 미래 비전에 시큰둥한 이유일 것이다. 현실이 곤궁한 사람들에게 비전 운운하면서 미래를 위해 지금부터 투자를 해야 하고, 일정 정도의 희생을 감내해 달라 요구했다가는 강력한 저항에 부딪히기 십상이다. 자칫 정부가 세금을 더 걷기 위한 수단으로 장밋빛 미래를 말하는 것이라는 오해를 살 수 있기 때문이다.

국민이 비전에 시큰둥한 또 다른 이유는 그동안의 정권이 무책임한 비전을 남발해 왔기 때문이다. 게다가 한 번도 제대로 실현된 적이 없어 '그런 비전이 있었나' 하고 의아해하는 지경에까지 이르렀다. 정권 말기가 되면 으레 정권 재창출을 위해 국민을 호도하는 장치로 비전이 악용되었다는 점도 '국가 비전'에 부정적인 이미지를 씌웠다.

특히 군사 정권 시절에는 정부에서 내놓은 '비전'이라는 것이 장기적인 안목으로 미래를 준비하는 구체적이고 혁신적인 정책 기반이었다기보다는 정치적 정당성을 얻기 위한 도구인 탓에 국민의 관심을 끌지 못했다.

이어 문민정부에서도 임기 말인 1997년 6월 〈열린 시장 경제로 가기 위한 21개 국가 과제〉를 내놓았다. 하지만 1997년 말 외환 위기가 닥치면서 국민은 호된 시련에 내몰려야 했다. 국가의 장기 비전이라는 것이 반년 앞도 제대로 내다보지 못한 부실한 것이었음을 증명한 셈이다. 따라서 국민은 당연히 정부가 내놓는 비전을 신뢰할 수 없었다.

국민의정부 역시 2002년 '10년 후 선진 대한민국'으로 가기 위한 〈2011 비전과 과제〉를 발표했다. 고교 평준화 폐지, 재벌 규제 전환, 인구 억제 중심의 수도권 정책 포기, 영어 공용어화 적극 추진 등이 당시 국민의정부가 내세운 비전의 주요 내용이다. 하지만 이러한 비전들은 차기 정부에서 사장되고 말았다.

결국 역대 정권의 무책임한 비전 발표는 국민에게 '양치기 소년'의 교훈만 일깨운 셈이 되었다. 정부가 아무리 그럴듯한 비전을 발표하더라도 '에이 저게 얼마나 오래가겠어. 정권 바뀌면 그만 아닌가' 하는 좋지 못한 인식만 재생산했을 뿐이다. 정부가 양치기 소년으로 취급되는 현실이라니! 한국 사회의 슬픈 자화상이 아닐 수 없다. 더군다나 집권 대통령이 국민적 지지를 얻지 못하고 리더십을 인정받지 못하는 상황이라면 정부의 비전은 더더욱 통할 리 없다.

정책이 수시로 바뀌며 일관성을 잃어버리는 것도 장기 비전이 실패로 돌아가는 원인 중 하나다. 그때그때 정치적 위기 상황을 모면하기 위해 급조된 비전은 국민적 공감대를 얻을 수 없다. 그런 의미에서 역대 정권이 임기 1년여를 남겨 놓은 시점에서 급박하게 비전을 선포한 것은 국민에게 의심의 눈초리를 살 만했다.

그러므로 앞으로 정부가 국가의 장기 비전을 선포할 때는 그 시점도 충분히 고려해야 한다. 아무리 좋은 비전이라도 임기 말에 발표되면 '치밀한 연구나 정책적 뒷받침이 없는 정권 재창출 도구로서의 장밋빛 청사진'이라는 여론으로부터 자유로울 수 없기 때문이다.

그간 우리나라는 '비전 설정'이라는 중요한 책무에 대해 상당히 무심했다. 과거에는 나라 전체가 가난했으니 먼 미래의 삶보다는 당장의 가난을 해결하는 데 몰두할 수밖에 없었다. 게다가 비전이 정치적으로 악용된 경력이 있기 때문에 국민적 호응을 얻기도 쉽지 않았다. 하지만 과거에만 얽매이다 보면 현재나 미래가 보이지 않는다. 지금 우리나라는 과거보다는 미래를 향해 눈을 떠야 할 때가 아닌가. 선진국 진입을 눈앞에 둔 상황에서 빈곤층 확대, 양극화, 고령화 등의 문제로 몸살을 앓고 있는데도 여전히 비전 설정에 무관심하다면 그것은 대한민국을 이어 나갈 차세대에 씻을 수 없는 과오를 범하는 일이다.

지금이야말로 20~30년 후를 진지하게 고민하고 철저히 준비해야 할 때다. 그렇게 하지 않으면 현재 우리 사회가 안고 있는 빈곤과 양극화 문제 등이 날카로운 부메랑이 되어 우리에게 되돌아올지도 모르기 때문이다. 따라서 정부는 이런저런 비전을 내놓기 전에 우선 비전 설정의 필요성에 대한 국민적 공감대를 형성해야 한다. 양치기 소년의 우를 범한 것은 바로 정부이기 때문이다.

유토피아는 없지만 이토피아는 있다

비전을 만드는 나라들, 그들은 이미 출발했다

IBM의 창업자인 토머스 왓슨은 자신의 기업이 성공한 첫 번째 비결에 대해 "사업을 시작할 때부터 나는 이 사업이 어떤 모습으로 성공해야 하는가에 대한 분명한 그림을 그리고 있었다. 나의 꿈, 나의 비전이 어떤 모습으로 이루어져야 하는지를 늘 생각했다"라고 말했다. 그러면서 "처음부터 IBM은 비전에 의해 만들어졌고 매일 우리는 그 비전을 이루기 위해 노력했다. 일과가 끝나면 그날의 업무를 돌아보며 우리의 궁극적인 목표와 현재 위치가 어떻게 다른지 인식했고, 이튿날 아침에는 그 차이를 줄이기 위해 단단한 각오로 일을 시작했다"라고 덧붙였다.

IBM을 비롯한 세계 유수의 기업과 조직이 증명했듯이 미래는 준비한 자의 몫이다. 10년, 20년, 50년을 내다보는 장기 전략을 어떻게 세우느냐에 작게는 개인, 크게는 한 국가의 앞날이 달려 있는 것이다. 더욱이 요즘처럼 나날이 불확실성이 증가하고 수많은 사회적 과제와 도전이 복잡하게 얽히고설킨 상황에서는 미래를 꿰뚫는 비전 없이는 한 발짝도 앞으로 나아갈 수 없다. 그것은 등불 없이 어두운 밤길을 걷는 것과 다르지 않다.

과거 개발 시대에는 후진국이 선진국의 모형을 그대로 따라가기만 하면 되었다. 그러나 국제 사회의 변화 속도가 빨라지면서 무턱대고 남의 나라 엉덩이만 뒤쫓다가는 불필요한 시행착오와 오류를 겪을 수 있다. 각 나라의 특성에 맞는 '맞춤형 비전'이 필요한 시대가 되었다는 뜻이다.

실제로 여러 나라가 자기만의 색깔을 입힌 체계적이고 독창적인 비전 세우기에 나서고 있다. 특히 작지만 성공한 나라, 즉 강소국(強小國)들은 일찌감치 자국의 미래 청사진을 제시하고 이를 달성하기 위해 국민적 에너지를 모으는 일에 열중해 왔다.

핀란드는 미래 비전의 설정을 단순한 선택 사항이 아니라 정부의 당연한 책무로 인식한다. 그래서 새롭게 정권이 들어설 때마다 15년 후를 계획하는 비전과 발전 전략을 국회에 제출하도록 법으로 정해 놓고 있다. 세계경제포럼(WEF)이 발표한 국가 경쟁력 순위에서 핀란드가 2위 자리에 오를 수 있던 것은 아마도 한 세대 앞을 내다보는 국가 미래 발전 전략과 끊임없는 혁신 덕분이 아닐까 싶다.

핀란드에는 '미래위원회' 라는 국회 상임위원회가 있다. 세계 최초로 국회 내에 설치한, 국가의 중장기 발전 전략을 심의하는 위원회이다. 이 위원회는 정부의 모든 정책이나 예산에 미래 전략이 잘 반영되었는지를 관찰하고 감시한다. 때문에 국회와 정부는 최소한 4년에 한 번 이상 미래 사회의 주요 이슈들에 대해 중장기 전망과 정책 지침을 제시하지 않을 수 없다.

핀란드가 가장 최근에 발표한 중장기 전략은 2001년의 〈핀란드 2015: 균형 잡힌 발전〉이다. 여기에는 생활수준 세계 1위권 진입, 기업 활동 현 수준의 두 배 증가, 핵심 분야에서 세계 수준의 노하우 확보 및 클러스터 집중 등 2015년까지 실천해야 할 구체적인 항목들이 포함되어 있다. 뿐만 아니라 세계화와 고령화, 정보화 사회로의 전환 등 핀란드가 직면한 문제에 대한 대처 방안도 수록되어 있다. 이미 세계적인 경쟁력을 지닌 복지 국가이면서도 향후의 지속적인 발전을 위한 정책 목표를 꼼꼼히 챙기고 있는 것이다.

영국은 2002년 미래 전략을 담당하는 3개 기관을 묶어 총리실 산하에 '미래전략청' 을 설립했다. 국가 발전을 위한 장기 비전을 수립하고 감독하는 미래전략청은 각 부처의 미래 전략을 총괄하는 역할도 담당한다. 미래전략청은 추상적인 미래의 모습이 아니라 구체적인 정책의 설계와 집행에 관한 방법론을 통해 국민 전체가 공감할 만한 비전을 제시하고 있다. 또 미래 전략이 적절히 수행되었는지를 평가하기 위해 감사 보고서도 작성한다.

이에 앞서 토니 블레어 총리는 1999년, 미래 변화를 이끌어 갈 6개 분야*에 대한 연구를 진행해 〈다가오는 미래, 어떻게 생각할 것인가〉라는 보고서를 내놓았다. 정부혁신수행실에서 펴낸 이 보고서는 다가올 10년에 대한 예측과 정부의 경쟁력 강화 방안을 주 내용으로 다루고 있다. 이 보고서 덕분에 영국 공무원들은 변화의 흐름을 파악하여 일관성과 역동성 있는 정책을 수립할 수 있었다.

집권 노동당 역시 2006년 말 향후 추진할 10년 비전을 제시했다. 영국이 당면한 주요 도전으로 세계화와 안보, 환경 등 세 가지를 지적하고 과학과 혁신, 창조 산업, 금융 산업 등에서 영국의 강점을 살리기 위한 정부 개혁 방안을 마련한 것이다. 이런 노력으로 영국 정부는 장기 전략에 따라 정책을 수립하는 시스템이 정착되어 간다는 평가를 받고 있다.

영국 인근의 아일랜드는 국가가 주도하는 미래 전략을 통해 유럽에서 가장 가난한 나라에서 가장 잘사는 나라로 탈바꿈하는 데 채 20년도 걸리지 않는 놀라운 저력을 보여 주었다. 아일랜드는 1988년 1인당 국민 소득이 1만 달러를 넘어선 후 1997년에는 2만 달러를 돌파했고 2002년과 2003년에는 각각 3만 달러와 4만 달러를 넘어섰다.

---

*인구 문제, 과학과 기술의 발전, 지구 환경, 인간의 가치관과 태도 변화, 경제 분야의 세계화, 정치 기구 등.

그 중심에는 아일랜드의 미래 전략을 담당하는 정부 기관 '포파스 (Forfas)'가 있다. 포파스는 아일랜드가 9%의 고성장을 누리던 1994년에, 장기적이고 지속적인 경제 발전을 위해서는 한 단계 업그레이드된 발전 전략이 필요하다는 인식에 따라 설립되었다.

아일랜드는 특히 생명 공학과 IT 분야에서 눈부신 성과를 보여 주었는데, 그 밑바탕에는 포파스가 각 부처 간 협력 체제 강화와 민간 분야의 혁신을 강조하는 한편, 경쟁력을 가진 사업을 우선적으로 발굴하고 자문해서 작성한 심도 있는 보고서가 자리하고 있었다.

오스트레일리아 역시 경제 호황을 누리던 2001년에 이미 미래 혁신 방안을 담은 BAA(Backing Australia's Ability) 정책을 발표했다. 당시의 경제 성장률이 4%대를 웃돌았는데도 더 나은 번영과 지속 가능한 발전을 위해서는 혁신이 필요하다고 느낀 것이다. 이 방안에는 향후 5년간 국가 연구 기관, 연구·개발(R&D) 프로그램, 중소기업, 대학 등에 30억 오스트레일리아달러(약 2조 1000억 원)를 투자한다는 계획이 담겨 있다. 이를 통해 투자 금액의 두 배에 해당하는 60억 오스트레일리아달러의 투자를 추가로 유도한다는 방침이다.

사실 오스트레일리아 정부는 1997년에 '성장을 위한 투자' 프로그램을 통해 4년간 12억 6000만 오스트레일리아달러를 비즈니스 혁신과 벤처 캐피털에 투자했고, 1999년에는 '지식과 혁신' 프로그램을 통해 고등 교육과 연구 훈련에 정책 및 자금을 지원한 바 있다.

이웃 나라 일본과 중국은 어떨까. 일본은 비교적 최근인 2005년에 〈일본의 21세기 비전〉을 발표했다. 이 비전은 2030년을 바라보는 경제 및 재정 전망, 경쟁력 증진 방안, 지역 사회 문제, 세계화에 대한 대책 등을 수립한 것이다. 2030년 일본 경제 상황을 글로벌화에 성공한 경우와 실패한 경우로 대비해서 묘사하고 있다는 점이 이색적이다. 일본은 이 국가 비전에서 저출산과 고령화, 세계화 및 정보화 진전 등에 대처하기 위한 방안으로 생산성 향상, 소득의 선순환 구조 구축, 세계화 활용 등의 전략을 제시하고 있다.

중국 역시 2002년, '부유하지는 않지만 의식주에는 부족함이 없는 사회를 세운다'는 목표 아래 〈2020년 전면적 샤오캉(小康) 사회 건설〉이라는 국가 비전을 수립했다. 2020년까지 시장 경제 도입을 서둘러 중산층을 18%에서 38%로 확대하고 1인당 국민 소득을 2000년의 855달러보다 네 배가량 높은 4000달러로 만든다는 계획을 담고 있다.

그 후 2006년 3월에는 중국 경제 정책의 대전환을 담은 〈국민 경제와 사회 발전을 위한 11차 5개년 계획〉을 발표했다. 이는 과거 중국의 경제 발전에 주된 이론이 된 '선부론(先富論; 일부라도 먼저 부유해지고 보자)'을 버리고 '공부론(共富論; 모두가 함께 잘사는 나라)'으로 일대 전환을 시도한 것이어서 더욱 의미가 깊다. 중국 경제가 연평균 9%가 넘는 급성장을 지속하면서 빈부 격차 및 도시와 농촌 간의 격차가 심해져 사회적인 문제로 등장하자 고도성장보다는 균형 성장으로 정책 방향을 선회한 것이다.

중국과 함께 급성장 중인 인도 역시 30개 정책 과제에 대한 2년간의 연구 결과를 토대로 한 〈인도 비전 2020〉을 2002년에 발표했다. 2020년까지 중상위 이상의 국가 소득 수준 및 삶의 질을 갖추는 것이 이들의 목표다. 이를 위해 2020년까지 연간 8.5~9%의 경제 성장률을 달성해 경제 규모(GDP 기준)를 세계 11위에서 4위로 끌어올린다는 계획이다. 또 11억 인구 중 하루 1달러 이하의 수입으로 연명하는 3억 8000만 명의 빈곤층을 고려해 성장과 함께 빈곤 해소에도 정책의 초점을 맞출 방침이다. '경제 성장'과 '사회적 약자 보호'라는 두 마리의 토끼를 모두 잡겠다는 야심 찬 계획을 향해 그들은 이미 한 발을 내디뎠다.

이 밖에 싱가포르는 20년 이내에 미국이나 일본 수준의 잘사는 나라로 만들기 위한 전략을 담은 〈비전 2018〉을 2003년에 발표했다. 여기에는 과거 싱가포르 발전의 주축이던 물류·전자·제조업 등에서 벗어나 바이오와 디지털 미디어, R&D처럼 부가 가치가 높은 쪽으로 산업 구조를 재편하겠다는 구상이 담겨 있다.

남아메리카의 브라질 역시 대통령 산하 국가전략위원회의 주도 아래 3단계(2007년, 2015년, 2022년)의 장기 발전 전략을 추진하고 있다. 2007년은 룰라 대통령의 2기 새 정부가 출범하는 해이고, 2015년은 UN의 밀레니엄 회의가 개최되는 해이며, 2022년은 브라질 독립 200주년이 되는 해이다.

1516년 토머스 모어는 자신의 소설에서 '유토피아(Utopia)'라는 말을 만들어 냈다. 유토피아라는 단어는 그리스어에서 부정을 뜻하는 '유(ou)'와 장소를 의미하는 '토포스(topos)'를 합쳐 만든 말이다. 단어만 놓고 보면 현실에서 찾을 수 없는 곳, 그 어디에도 없는 장소(no place)를 의미한다.

한 나라의 장기 발전 전략인 국가 비전은 유토피아를 지향해야 하지만 그 내용이 국민을 호도하는 수단으로 전락하여 어디에도 없는 꿈같은 미래상만 남발해서는 안 될 것이다. 그렇다고 해서 아예 비전을 만들지 않는다면 그 역시 '디스토피아(Dystopia)'*의 나락으로 떨어지는 길임을 잊지 말아야 한다. 결국 '이토피아(Etopia)'**에 뿌리를 둔 유토피아를 지향함으로써 국민이 기꺼이 받아들일 만한 장기 비전이 대한민국에도 절실하다 하겠다.

---

* 유토피아의 반대 개념.
** 실현 가능성이 있고 상상할 수 있는 미래를 가리키는 것으로 미래학자 짐 데이터가 사용한 용어.

'베버리지 보고서'가 베스트셀러가 된 까닭은?

영국형 복지 국가 탄생의 비결

제2차 세계 대전이 한창이던 1942년 12월 영국 런던에서는 세간의 관심을 끄는 한 편의 보고서가 발간되었다. 영국 사회는 물론 제2차 세계 대전 이후 유럽의 사회 체제를 바꾸는 데 크게 기여한 '베버리지 보고서(Beveridge Report)'가 세상에 모습을 드러낸 것이다.

소설이나 산문집도 아니건만 이 보고서는 발간 전부터 큰 관심을 끌었고, 출간 한 시간 만에 무려 6만 부가 팔려 나가는 진기록을 세웠다. 정부 간행물이 이토록 열광적인 반응을 얻은 것은 전례가 없는 일이었다. 전쟁으로 피폐해져 있던 영국 국민이 얼마나 절박하게 '희망'과 '비전'을 필요로 했는지를 보여 준 사건이다.

'요람에서 무덤까지'라는 말을 유행시킨 이 보고서는 뒷날 복지 국가 영국의 청사진이 되었을 뿐만 아니라 수많은 자본주의 국가가 자국의 사회 보장 제도를 확립하는 데 큰 영향을 끼쳤다. 이 보고서가 발표된 뒤 장애자고용법과 가족수당법, 국민보험법 등 각종 사회 보장 법이 제도화되었다. 이 보고서의 정식 명칭은 〈사회 보험 및 관련 서비스〉이지만 영국의 경제학자 윌리엄 베버리지가 작성했다고 해서 일반적으로 '베버리지 보고서'라 불린다.

1941년 '재건문제위원회'가 사회 보험 및 관련 서비스에 관한 기존 제도를 전면적으로 검토하기 위한 기구를 설립하면서 베버리지도 사회 보험에 관심을 쏟기 시작했다. 그는 사회 발전을 가로막는 5대 악으로 궁핍, 질병, 무지, 불결, 나태를 꼽았다. 이 다섯 가지 악이 사회 발전에 장애물이 되고 있는데, 그 가운데 특히 궁핍의 문제를 어떻게 해소하는가가 사회 보장의 궁극적 목표라고 판단했다. 그리고 실업과 질병, 노령 등으로 소득이 없어지는 것을 궁핍의 원인으로 지목하면서 이를 막기 위해 사회 보장 제도가 필요하다고 주장했다.

베버리지는 궁핍 퇴치를 주된 목적으로 내세우면서 세 가지 원칙을 분명히 했다. 첫째는 어떤 제안도 과거 경험을 살펴 상정되어야 하지만 특정 집단의 이해관계가 고려되어서는 안 된다는 것이다. 둘째는 사회 보장 보험은 사회 개혁의 일환으로 취급되어야 하고 그것이 충분히 발전하면 국민의 소득 보장에 도움을 주어 국가적으로도 빈곤을 줄일 수 있다는 점이다. 셋째는 사회 보장은 국가와 개인의 협력으로 이뤄져야 한다는 것이다.

사회 보장 원칙과 대상자에 대해서도 베버리지는 몇 가지 기준을 제시했다. 그중 충분한 급여, 정액 급여, 정액 갹출, 행정 책임의 통합, 포괄성, 분류화 등을 6개의 기본 원칙으로 내세웠다. 대상자 역시 피고용자, 자영업자, 전업 주부, 기타 노동 인구, 취업 전 청소년, 노동 불능 고령자 등으로 분류했다.

'베버리지 보고서'는 불안한 미래를 염려하던 영국 국민에게 뜨거운 지지를 받았다. 국가가 공적 부조를 통해 최소한의 기본 생활을 보장한다는 사회 보장 이념이 담겨 있어서였다. 또한 '영국은 지금까지 전 세계에 군대를 파병하여 부를 획득해 왔고 귀족과 일부 계층만이 이를 향유했다. 그러나 앞으로는 국민 모두가 골고루 복지를 누려야 한다'는 이념을 담고 있다. 전쟁에 지친 영국 국민의 감정에 호소하기에 딱 알맞은 이야기였다.

하지만 모두가 '베버리지 보고서'를 반긴 것은 아니었다. 대부분의 국민, 특히 임금 노동자들은 이 보고서를 환영했지만 기득권자들은 자신의 부를 나눠야 한다는 부담 때문에 싫어했다. 실제로 당시 영국고용주연맹(BEC; The British Employers' Confederation)은 전후 사회의 앞날이 불투명하고 처리해야 할 과제가 산적하다는 이유로 시종일관 이 보고서에 대해 불편한 심기를 드러냈다. 나아가 별도의 위원회 설치를 제안하며 베버리지 위원회의 활동 정지와 해산을 요구하기도 했다. 기업가들 역시 보고서 내용을 그대로 따르면 과중한 세금 징수, 제품 가격 상승, 수출 경쟁력 저하, 인플레이션 등이 일어날 것이라며 강경한 반대 입장을 나타냈다.

정부나 정치권에서도 의견은 찬반으로 갈렸다. 보수파 각료들은 보고서의 내용이 "지나치게 혁명적이다"라는 반응을 보였고, 정부의 주요 책임자들은 "보고서 내용대로 실행하려면 세금을 30%나 인상해야 한다"며 우려를 표명했다. 물론 다른 쪽에서는 "'베버리지 보고서'가 전후 영국 경제에 도움을 줄 수 있다"며 즉시 시행해야 한다는 의견을 내놓기도 했다.

그러나 이 모든 갈등 국면 속에서도 결국 민심은 '베버리지 보고서'의 손을 들어 주었다. 1945년 치러진 영국 총선에서 '베버리지 보고서'를 즉각 실천하겠다고 공약한 노동당은 사상 유례를 찾아볼 수 없을 정도의 표 차로 대승을 거두었다. 그 결과 1946년 국민보험법이 도입되어 실업 급여, 질병 급여, 분만 급여, 은퇴 연금 보호자 수당 등의 제도가 마련되었다. 이후 국민보호서비스법과 아동법, 국가부조법 등이 연이어 도입되면서 체계적인 사회 보험 제도가 자리를 잡았다.

1940년대 영국 사회를 뒤흔든 '베버리지 보고서'는 오늘날 우리에게도 시사하는 바가 크다. 비록 우리가 최근 전쟁이라는 특수한 상황을 겪지는 않았지만 저출산, 고령화, 성장 동력 저하, 양극화 같은 위기 상황에 맞닥뜨려 있기 때문이다. 이것은 당장 눈앞에 확연히 드러나지 않는 장애물들이어서 더욱더 치밀하고 꼼꼼한 해법을 필요로 한다.

만약 '21세기 한국판 베버리지 보고서' 가 탄생한다면 우리 앞에 놓인 이 복잡다기한 상황을 극복하기가 한결 수월할 것이다. 요즘 대한민국 국민이 느끼는 열망과 안타까움은 '베버리지 보고서' 를 베스트셀러로 만든 당시 영국 국민의 절박함과 크게 다르지 않을 테니 말이다.

경고 음은 이미 울렸다

누구나 알고 있지만 아무도 준비하지 않는 네 가지 문제

흔히 사람의 몸을 소우주(小宇宙)에 비유하곤 한다. 우주의 모든 이치가 인체에 아로새겨져 있고, 우리의 몸 자체가 대자연이 생성, 유지되는 원리와 유사해서다. 건강한 사람이라면 인체의 모든 장기가 유기적인 관계를 맺고 있어, 만약 어느 한 곳에라도 문제가 발생하면 인체 스스로 대항해 싸우는 한편 즉각 그 신호를 내보낸다.

그런데 우리는 눈에 보이는 증상에는 민감하게 반응하는 반면, 보이지 않는 곳에서 보내는 신호에 대해서는 무감각하거나, 알더라도 대수롭지 않게 지나쳐 버리는 경우가 많다. 예를 들어 손이 베이거나 무릎에 상처가 나면 호들갑을 떨며 즉시 연고를 바르고 붕대를 감아 치료하지만, 조금만 걸어도 장딴지와 허벅지가 아플 때는 그저 운동을 안 한 탓이겠거니 하고 치부해 버린다. 그러다 두통이 생기고

현기증이나 가슴앓이 같은 증상까지 찾아오면 어쩔 수 없이 병원을 찾는다. 그리하여 자신에게 나타난 증상이 암보다 더 많은 사망자를 낸다는 동맥 경화의 신호임을 알게 된다.

동맥 경화는 배관 파이프가 막히듯 혈관이 좁아지면서 피가 인체에 골고루 돌지 않아 생기는 병이다. 인체의 펌프가 수시로 신선한 혈액을 각 장기에 충분히 보내 주지 못해 일부 세포들이 괴사하면서 심장 마비나 뇌졸중 등이 발생하는 것이다. 문제는 동맥 경화가 진행되고 있다는 사실을 미리 알기가 어렵다는 점이다. 두통이나 귀울음, 가슴앓이 등의 증세가 나타나면 이미 혈관의 75% 이상이 막혔다는 뜻이다. 이렇듯 인체의 혈관이나 내장 기관에서 이상 신호를 보내올 때는 돌이킬 수 없을 정도로 손상을 입은 후인 경우가 많다.

평소에 좀 더 예민하게 자기 몸의 신호에 귀를 기울인다면 이토록 큰 재앙을 만나기 전에 어떻게든 손을 쓸 수 있지 않겠는가. 국가도 마찬가지다. 한 나라를 구성하는 각 구성원들은 인체 구조와 흡사한 방식으로 아주 유기적이고도 자율적으로 움직인다. 그런데 국가의 문제 역시 인체처럼 세심하고 꼼꼼하게, 그리고 부지런히 관찰하고 챙기지 않으면 망가져 가는 부위가 어디인지 파악하기가 힘들다.

결국 개인이든 국가든 장래를 가늠하는 가장 중요한 요인은 크고 작은 경고 음들에 얼마나 귀를 기울이느냐, 그리고 그 경고 음에 어떻게 대처하느냐이다.

지금 대한민국 곳곳에서 질병을 알리는 경고 음이 울리고 있다. 이대로 방치하다가는 대한민국의 10년 혹은 30년 후를 담보할 수 없을 정도다. 이러한 경고 음들 가운데 가장 심각한 것이 '저출산 문제'다. 새로운 세대가 기존 세대를 대체할 만한 수준으로 태어나지 않는 것은 인체에 새로운 피를 공급하지 못하는 것과 마찬가지다. 사회는 활력을 잃게 될 것이고, 장차 우리나라를 이끌어 갈 미래 성장 동력인 인적 자원의 고갈도 불 보듯 뻔한 일이다.

2005년 우리나라는 여성의 가임 기간(15~49세) 출산율을 뜻하는 합계 출산율이 세계 최저인 1.08명을 기록했다. 특정 국가의 인구를 유지하는 데 필요한 합계 출산율이 2.1명인데 그 절반 수준에 그친 것이다.

반면 노인 인구 비율은 급속히 높아질 전망이다. 통계청에 따르면 한국의 65세 이상 노인 인구는 2000년 7%에서 2018년에는 14%로 두 배 증가할 것이라고 한다. UN은 노인 인구가 7%가 되는 사회를 '고령화 사회(aging society)'로 규정하고, 14%가 넘는 사회를 '고령 사회(aged society)'라고 부른다. 노인 인구가 20%를 넘기면 '초고령 사회(super aged society)'가 된다.

UN의 기준대로라면 한국은 이미 고령화 사회를 넘어 고령 사회로 가고 있다. 2006년 말 현재 한국의 총인구 중 65세 이상 인구는 9.5%로 14세 이하 인구(18.6%)의 절반을 넘어섰다. 출산율은 떨어진 반면 평균 수명은 1971년 62.3세에서 2005년 78.6세로 높아진 탓이다. 2020년쯤에는 우리나라 국민의 평균 수명이 81.5세로 올라갈 것으로 통계청은 전망하고 있다. 지금과 같은 상태라면 2026년에는 초고령 사회에 진입하게 된다.

저출산과 고령화는 보기보다 심각한 문제다. 1996년에는 젊은 사람* 12명이 노인 1명을 부양했지만, 10년이 지난 2006년에는 노인 1명을 부양하는 젊은이가 7.6명으로 줄었다. 이대로 간다면 2030년에는 불과 2.7명의 젊은이가 노인 1명을 책임져야 하고, 2050년에는 젊은이 1.4명이 노인 1명을 부양해야 한다. 일할 사람은 줄어드는데 노인 인구는 늘어나니 연금과 의료비 부담 또한 급증할 수밖에 없다. 조세 저항과 더불어 연금 지급 문제로 인해 국가의 재정까지 위태로워질 수 있다.

국가의 성장 동력이 둔화되고 있는 것 또한 심각한 문제다. KDI와 조세연구원, 삼성경제연구소 등이 추산한 우리나라 잠재 성장률** 은 1982~1990년에는 8.6%였다. 하지만 점점 떨어지다 2001~2005년에는 급기야 4.4%까지 떨어졌다. 2006~2010년에는 다시 4.9%로 상승하리라 예상되지만, 2011년부터는 점차 하강 곡선을 그릴 것으로 전망된다. 국제통화기금(IMF) 역시 우리나라의 2007년 잠재 성장

---

* 15~64세의 경제 활동 인구를 가리킨다.
** 물가를 자극하지 않고 달성할 수 있는 최대 성장률.

률을 4%대로 예상하고 있다. 반면 홍콩과 싱가포르의 잠재 성장률은 각각 6.0%와 6.9%로 예상되고 있어 우리의 위기감을 심화시킨다.

우리 사회를 뿌리째 흔들고 있는 양극화 문제도 이미 경고 음 수준을 넘어섰다. 양극화는 단순히 소득의 차이로 생기는 빈부의 양극화를 지나 계층과 이념의 양극화로 이어지며 많은 파열음을 낳고 있다.

2006년 우리나라 전체 가구의 상위 20% 소득은 월 630만 원에 달하는 반면, 하위 20%의 소득은 월 80만 원에 그쳐 그 격차가 무려 7.8배까지 벌어졌다. 또 2005년의 통계청 자료에 따르면 우리나라 경제 활동 인구의 70.9%는 월평균 소득이 200만 원에도 미치지 못하는 것으로 나타났다. 쪽방촌 사람들은 쪽방 신세를 면하기 어렵고 서울역에는 여전히 노숙자가 많다. 반면 강남의 고급 주상 복합 아파트는 불과 1~2년 사이에 두 배 이상 가격이 급등해 집 없는 서민들의 상대적 박탈감을 키우고 있다.

비정규직 문제도 실은 일자리 양극화가 근본적인 원인이다. 우리나라는 현재 '비정규직 노동자 비율 세계 1위'라는 오명을 안고 있다. 2006년 노동부가 밝힌 공식적인 비정규직 숫자는 전체 임금 근로자의 35.5%에 달하는 545만 7000명이다. 정규직 가운데에서도 불완전한 고용 형태인 정규 임시직 근로자가 325만 5000명(21.2%)에 이른다. 전체 임금 근로자의 절반 이상이 언제 일자리를 잃을지 몰라 고용 불안에 시달리고 있다는 얘기다.

대외적으로도 우리나라는 많은 도전에 직면해 있다. 한때 '기회의 장'으로 여겨졌던 중국은 그새 급성장하여 이젠 우리 경제를 위협한다. 이러다가는 우리의 시장을 중국에 빼앗기고 말 것이라는 경고도 나온다. 그나마 기술적인 우위를 차지하던 품목들마저 서서히 그 기술 격차가 줄어들고 있다. 우리가 거북이걸음을 하는 동안 중국은 무서운 속도로 토끼뜀을 해 온 것이다.

현재 정부가 세계 각국과 맺고 있는 자유무역협상(FTA) 역시 우리 경제를 뒤흔들 수 있다. 충분한 준비와 치열한 전략이 없으면 안방을 내주고 남의 집 더부살이를 해야 할지도 모른다.

온 국민을 도탄에 빠지게 한 1997년 외환 위기 때도 이런저런 경고 음은 울렸다. 그러나 제대로 된 상황 인식과 주도면밀한 대비가 없던 탓에, 우리 경제는 마치 테러라도 당한 듯 순식간에 초토화되고 말았다. 지금도 대한민국 안팎에서는 빨간 신호등이 깜빡이고 있다. 당장 살기가 어려워서, 먹고사는 게 급선무라서, 아니면 누군가 해결해 주겠지 하는 안이한 생각으로 또다시 위기를 맞을 것인가. 위기론을 강조하며 여론 몰이를 하는 것도 옳지 않지만 대비 없이 위기를 맞는 것은 더 큰 화를 부를 수 있다. 경고 음이 울리는 곳으로 지금 당장 달려가지 않으면 안 된다.

2
대한민국, 어디로 갈 것인가?

세계적인 변화의 흐름을 읽어 내려 하지 않고 위기에 대처하지도 않는다면 한국 경제의 미래는 말 그대로 샌드위치 신세가 될지도 모른다. 이런 때일수록 역발상의 사고가 필요하다. 샌드위치가 될 것이라는 부정적인 생각에 매몰되어 있을 필요가 없다. 오히려 우리가 아시아 성장의 바람을 타고 외교·국방·경제의 허브가 될 수도 있는 것이다.

왜 그런지 충분히 알고 있는 사람은 어떤
것도 견딜 수 있다.

— 프리드리히 니체, 독일의 철학자

400년 후 대한민국의 풍경

저출산 문제, 이대로 내버려 둘 수는 없다

얼마 전 오랜만에 만난 친구 부부는 늦게라도 가지려던 둘째 아이를 포기해야겠다며 한숨을 내쉬었다. 여섯 살 된 첫아이를 유치원에 입학시키면서 만만찮은 교육비를 실제로 경험한 것이다. 친구네는 그리 유명한 곳도 아닌 보통의 사립 유치원에 입학시켰는데도 약 300만 원을 썼다고 한다. 우선 첫 달에만 입학금 180만 원과 보육비 57만 원, 등록금 50만 원이 들어갔다고 한다.

친구의 아내는 "유치원이 아니라 대학에 보내는 것 같았다" 면서 "첫 달 입학시킬 때 들어간 돈 말고도 매달 고정적으로 식비, 의복비, 교재비, 의료비 등을 추가로 지출해야 한다. 아이들 사교육비가 비싸다 비싸다 하는 말을 들었지만 직접 겪어 보니 시쳇말로 장난이 아니다"라며 혀를 내둘렀다. 상황이 이러니 장안에 소문난 사립 유치원에 보낼라치면 그 입학 비용은 상상을 초월하는 수준이 된다. 어느 부모가 시설 좋은 유치원에 보내고 싶지 않을까마는 그녀는 이 정도도 힘에 부친다며 "둘째는 가질 엄두조차 안 난다"고 고개를 저었다. 그래서 아예 남편이 정관 수술을 하기로 합의를 봤다고…….

할 수만 있다면 둘째 아이도 낳고 셋째 아이도 낳고 싶지만, 현실적으로 한국 사회에서 아이를 키우는 데는 엄청난 비용이 든다. 먹고살기도 팍팍한 판이니 아이를 여럿 낳아 키우는 것은 굉장한 용기를 요하는 일이 되어 버렸다. 그러다 보니 저출산 문제가 심각한 사회적 위협으로 대두되지 않을 수 없는 것이다.

현재 우리나라의 출산율은 세계 최저 수준으로 곤두박질쳤다. 이렇게 인구가 점점 줄다가는 대한민국이라는 나라도 지도에만 존재할뿐 사람은 없는 유령 국가가 될지 모른다는 말까지 나돈다. 우리나라의 합계 출산율은 1983년 2.08로 내려간 이후 계속 내리막길을 걷고있어, 2030년 5070만 명을 정점으로 이후부터는 인구가 점차 하강 곡선을 그릴 것으로 통계청은 전망하고 있다. 만약 이런 계산이 맞고 현재의 출산율이 그대로 유지된다면 '400년 후의 대한민국에는 아무도 살지 않는다'는 결론이 나온다. 매우 극단적이고 산술적으로 과장된 얘기이기는 하지만 정말로 무시무시한 전망이 아닐 수 없다.

우리 부모님 세대만 해도 한 집에서 적게는 4~5명, 많게는 7~8명씩 아이를 낳았다. 당시의 가치관은 자손이 많을수록 좋다는 것이었다. 가족 경제뿐 아니라 가문의 번성을 위해서도 자녀는 많을수록 좋았다. 많이 낳아 그중 한 아이만 사회적으로 성공을 해도 가족 전체가 먹고사는 데 큰 보탬이 되었기 때문이다. 주로 장남한테 돌아가긴했지만, 한 아이의 성공을 위해 가족 전체가 뒷바라지에 매달리는 일도 많았다. 물론 뿌리 깊은 남아 선호 사상 또한 대가족을 이루게 한원인이 되었다. 딸부자 집이라 해도 으레 막내는 아들인 까닭도 이런전통과 무관치 않았을 것이다.

그러나 불과 20년 사이에 상황은 완전히 뒤바뀌었다. 자녀가 둘이상인 가구는 손에 꼽을 정도다. 주변을 둘러봐도 대부분 한 자녀가정이다. 많다고 해 봐야 기껏 둘이다. 자녀가 셋을 넘으면 '와, 저집은 돈 많이 버나 보다' 하는 부러움 섞인 시선이 오갈 정도다. 자녀의 수가 부의 척도가 되는 사회가 된 셈이다. 격세지감도 이런 격세지감이 없다.

과거 정부에서 남아 선호 사상 타파와 가족계획 정책을 장려했기 때문에 벌어진 일이다. 우리나라에서 가족계획 사업이 정책적으로 본격화된 것은 1961년 대한가족계획협회가 창립되고 5 · 16 군사정부가 가족계획을 국가 시책으로 채택하면서부터다. 당시에는 너도나도 자녀를 많이 낳으려고 해서 어떻게 출산율을 낮출 수 있을지가정부의 당면 과제였다. 먹을 것 없는 시대에 먹일 사람만 많은 것은가정적으로나 사회적으로 불행의 씨앗이 되었기 때문이다.

그래서 나온 이 시절의 대표적인 가족계획 표어가 '덮어놓고 낳다 보면 거지꼴을 못 면한다' 이다. 지금 보면 참으로 직설적이고 유치하지만 당시의 교육 수준이나 사회상을 감안하면 꽤 설득력 있는 내용이다. 이 밖에도 '적게 낳아 잘 기르면 부모 좋고 자식 좋다', '알맞게 낳아서 훌륭하게 잘 기르자' 등이 있었다. 1960년대 가족계획의 목표는 6명의 출산율을 절반으로 낮추는 '세 자녀 갖기 운동'이었다. 예비군 훈련장에서 심심찮게 정관 수술이 시행된 것도 이때부터다.

1970년대에는 '세 자녀 낳기'에서 '둘 낳기 운동'으로 한 단계 더 나아갔다. 그 유명한 표어 '아들딸 구별 말고 둘만 낳아 잘 기르자'가 등장한 것도 이때다. 1976년 새마을운동이 시작되면서부터는 가족계획 운동이 새마을운동과 병행해서 이뤄졌다. 자녀 수가 많은 공무원은 대출이나 수당 등에서 불이익을 받을 정도로 산아 제한은 정책적으로 추진되었다.

드디어 1980년대, 이때 들어서는 '둘도 많다, 하나만 낳아 잘 기르자'로 바뀐다. 1960년대 3%에 가깝던 출산율이 1980년대에 이미 1.57%로 크게 떨어졌지만 정부는 여전히 산아 제한 정책에 매달렸다. 2000년까지 출산율에서 사망률을 뺀 인구 증가율을 1% 수준까지 떨어뜨린다는 애초의 방침 때문이었다. 가까운 장래에 눈이 멀어 먼 미래를 보지 못한 것이다. 계속해서 정부는 인구 증가 억제 정책을 쏟아 냈다. 예를 들어 불임 시술을 받은 영세민(현 기초 생활 보장 수급자)에게 생업 자금을 우선적으로 융자해 주고, 소자녀 가정에 대한 지원을 강화했다. 숙박업소나 유흥업소에 콘돔 자판기가 등장한 때도 1983년이다.

1960년대부터 쏟아진 다양한 인구 증가율 억제 정책의 영향으로 '인구 증가율 1%'라는 정책 목표는 당초 계획보다 이른 1988년에 달성되었다. 그러자 가족계획 정책은 인구의 양적 관리에서 인구의 자질을 높이는 방향으로 선회하기 시작했다.

하지만 1990년대에 의외의 문제가 터졌다. 1980년대에 이미 인구 증가율이 1% 미만으로 떨어지면서 1990년대에 들어서는 인구 고령화가 시작된 것이다. 이에 정부는 1996년 '신인구 정책'을 내놓았지만 출산율을 늘리기보다는 저출산율 유지와 출생 성비 균형, 여성 지위 향상 등에 초점을 맞췄다. '사랑으로 낳은 자식 아들딸로 판단 말자', '젊은 꿈을 아름답게 이성 교제 건전하게' 같은 당시의 표어만 봐도 정부가 저출산 문제의 심각성을 여전히 인식하지 못했음을 알 수 있다.

1980년대 초에 우리나라의 출산율이 인구 대체 수준인 가임 여성 1인당 2.1명 밑으로 내려갔는데도 정부는 계속해서 산아 제한 정책만을 부르짖었다. 학계나 정치권도 사태의 심각성을 깨닫지 못하기는 매한가지였다. 그러다 최근에 출산율이 세계 최저 수준까지 내려가고 나서야 기존 정책의 방향을 '출산 장려 정책'으로 튼 것이다. 지금까지 줄곧 우리나라의 가족계획을 담당해 온 대한가족계획협회 (현 인구보건복지협회)는 창립 44년 만인 2005년에야 '출산 장려' 기관으로의 전환을 공식 선언하고 '저출산대책사업본부'를 신설했다. 그리고 '아빠! 혼자는 싫어요, 엄마! 저도 동생을 갖고 싶어요' 같은 표어를 내세우며 여러 가지 출산 장려 정책을 펴고 있다. 하지만 이미 저출산 문제는 우리 사회를 위협할 정도로 걱정스러운 수준이 되어 버렸다.

과거 정부들의 근시안적이고 단기적인 처방이 현재의 저출산 문제를 낳은 결정적 원인으로 작용한 것은 분명하다. 결국 현재의 위기는, 한 사회를 구성하는 데 가장 중요한 요인인 인적 자원의 관리는 좀 더 깊이 있고 장기적인 안목을 필요로 한다는 교훈을 일깨워 준다. 즉 '경제 개발 5개년 계획'과 같은 경제 문제와는 별개로 최소한 한 세대를 뛰어넘는 비전과 전략이 요구되는 것이다.

우리나라처럼 저출산 문제라는 홍역을 치른 프랑스는 2006년 드디어 합계 출산율이 2.0명까지 올랐다. 1995년 1.71명으로 떨어진 프랑스의 출산율이 다시 높아진 것은 정부의 출산 장려책이 효력을 발휘한 덕분이라고 한다. 저출산 문제로 골머리를 앓고 있는 우리나라가 잘 새겨 보아야 할 대목이다.

그렇다면 프랑스 정부가 쓴 정책은 무엇일까? 우선 출산율에 영향을 주는 양성 평등 문제를 해결하기 위한 정책적 대안을 마련하여, 여성이 일과 가정생활을 병행할 수 있도록 제도적으로 뒷받침했다. 다양한 출산 장려 정책과 양육 지원 등 가족 정책에 쏟아 붓는 예산만 해도 프랑스 국내 총생산의 2.8%에 달하는 것으로 알려졌다. 여기에다 프랑스 고유의 '톨레랑스(관용)' 전통에 입각해 미혼모의 자녀나 동거 커플의 자녀 등 다양한 가족 형태도 제도적으로 인정하여, 이들에게도 일반 가정의 자녀와 동등한 복지 혜택을 줌으로써 출산율 회복에 일조했다.

반면 우리나라는 심각한 저출산 문제를 겪으면서도 한편으로는 낙태와 해외 입양이 많다는 오명을 안고 있다. 보건복지부의 자료에 따르면 2005년 35만 건의 낙태 수술이 이뤄졌다. 이는 2005년 출생아 수 43만 8000명의 약 80%에 달하는 수치이다. 해외 입양 역시 매일 7명씩 이뤄지고 있어서 중국, 러시아, 과테말라에 이은 세계 4위의 고아 수출국 자리를 차지했다. 저출산 문제를 고민하면서도 문제 해결을 위해 필요한 사회적·문화적 관용은 매우 부족한 것이다. 만약 우리 사회에 엄연히 존재하는 미혼모나 혼전 임신을 바라보는 세간의 시선이 바뀐다면 저출산 문제 또한 뜻밖의 출구를 찾을 수 있을지 모른다. 사람들의 인식 변화가 급선무라 하겠다.

자녀를 낳을지 말지, 낳는다면 몇 명을 낳을지 하는 것은 원칙적으로 각 개인과 가정이 자유로이 결정할 문제이다. 그러나 각 가정에서 출산된 아이 하나하나의 손에 대한민국의 미래가 달려 있다는 점 또한 부인할 수 없는 사실이다. 따라서 정부는 출산을 장려하는 다양하고 구체적인 정책과 더불어 우리 사회 전반의 인식을 바꾸기 위한 노력도 병행해야 한다. 이를 위해 각계의 전문가들과 힘을 합쳐 보다 정교하게 관련 정책을 연구하며 활로를 모색해야 할 것이다.

미래를 준비하는 일은 앞선 세대의 책무다. 그런데 더 나은 미래를 만들어 가야 할 우리 앞에 지금 수많은 위기가 닥쳐오고 있다. 그 가운데 하나가 바로 저출산 문제인 것이다. 하지만 노벨상을 수상한 세계적인 경제학자 밀턴 프리드먼도 말하지 않았는가. "오직 위기만이 진정한 변화를 만들어 낸다"고.

누가 워킹맘을 울리는가?

'육아는 여성의 몫'이라는 인식부터 바꿔라

주변의 미혼 남녀나 신혼부부에게 몇 명의 자녀를 낳고 싶은지 물으면 대부분은 둘을 낳겠다고 하고, 의외로 셋 이상을 낳겠다는 대답도 많다. 심지어는 "힘닿는 데까지", "많을수록 좋지 않나요?" 하는 대답도 나온다.

실제로 서울시가 2006년 서울에 거주하는 만 25~39세 여성을 대상으로 실시한 설문 조사 결과만 놓고 봐도 그렇다. 시간적 · 경제적 여건만 된다면 둘 이상의 자녀를 낳겠다고 응답한 사람이 무려 93.2%에 달했다. 거의 대부분의 여성이 여건만 되면 둘 이상의 자녀를 낳고 싶어 한다는 얘기다.

설문 내용을 항목별로 좀 더 자세히 살펴보면 응답자 가운데 절반 이상인 57.2%가 둘을 낳겠다고 대답했다. 그리고 셋, 넷 이상을 낳겠다는 응답도 각각 25.8%와 10.2%를 차지했다. 반면 하나만 낳겠다는 응답은 6.8%에 불과했다. 조사 결과만 놓고 보면 우리 사회의 저출산 문제는 하나도 걱정할 필요가 없겠다 싶을 정도다.

그런데 문제는 막상 결혼을 해서 첫아이를 낳아 키우다 보면 생각이 180도 달라진다는 점이다. 현실감 있는 반응은 역시나 "하나 혹은 둘"이다. 이런 현상은 아빠보다는 특히 엄마에게서 두드러진다. 설령 경제적 부담에서 어느 정도 자유로워지더라도 여전히 자녀 양육의 부담은 여성 쪽으로 기울어져 있는 까닭이다.

직장에 다니는 워킹맘이라면 더욱 그렇다. 아이도 낳아야 하고 육아 전반을 책임져야 하며 돈도 벌어야 한다. 그렇다고 집안일에 소홀할 수도 없다. 최근엔 한술 더 떠서 "누구네 엄마는 남편이 벌어온 돈으로 어디에 땅을 사서 큰돈을 벌었다더라" 하는 말까지 늘어놓으며 자기 아내가 재테크에서도 재주를 부려 주기를 은근히 바라는 남편도 있다.

기혼 여성이 출산을 꺼리는 이유 중 가장 큰 부분은 자녀 교육 및 보육비 부담*으로 나타나고 있다. 이러한 부담을 줄여 주기 위해 정부에서 지원 정책을 내놓기도 했지만 현실과는 동떨어져 있다는 비판을 면치 못했다. 관련 혜택을 받으려면 맞벌이여야 하고, 집에 차

* 29.8%. 한국보건사회연구원, 2005년 전국 결혼 및 출산 동향 조사.

가 없어야 하며, 연봉도 얼마 이하여야 하는 등 제한 사항이 많아 '그림의 떡'이라는 것이다. 설령 이런 조건에 들어맞는 가정이라 해도 돈 몇 푼 지원받자고 아이를 더 낳는 모험을 감행하고 싶지는 않다는 게 중론이다.

그러나 뭐니 뭐니 해도 워킹맘들이 감당해야 할 직장 생활과 육아에 대한 심리적·육체적 압박이야말로 저출산의 주된 원인으로 지목된다. 다른 어려움들은 어찌어찌해서 극복한 워킹맘이라 해도 직장에서의 따가운 눈총이라든가, 아이에 대한 안타까운 마음에서 벗어나기란 쉽지가 않다.

아무리 직장 생활을 열심히 해도 여성인 데다 아이를 둔 엄마이니 뭔가 모르게 부족할 것이라는 인식을 극복하기도 여간 어려운 일이 아니다. 이 때문에 승진에서 탈락하면 자신이 워킹맘이어서 그런 건가 싶어 억울함과 우울함을 동시에 느끼게 되는 것이다.

아이도 잘 키우고 싶고 직장에서 성공도 하고 싶은 워킹맘들은 정말 슈퍼우먼이라도 되어야 할 판국이다. 하지만 웬만한 워킹맘들은 이미 슈퍼우먼이다. 우리 주변에서 흔히 만날 법한 여성의 하루를 한번 예로 들어 보자.

김은진(가명) 씨의 하루는 새벽 5시에 시작된다. 일어나자마자 부리나케 씻고 아침을 준비한다. 상만 차려 놓고 정작 자신은 한술 뜨는 둥 마는 둥 한다. 아이를 씻겨 밥을 먹이고 나면 벌써 7시다. 허둥지둥 아이를 근처 할머니 댁에 맡기고 출근 버스에 몸을 싣고 나면 일을 시작하기도 전에 파김치가 되어 버린다. 물론 직장에서도 만만치 않은 업무가 그녀를 기다리고 있다. 최근에는 명예퇴직이다 정리해고다 해서 결혼한 티조차 낼 수 없다. 퇴근 후에도 해야 할 일은 산더미 같다. 하루 종일 떨어져 있던 아이에게 미안해서 잠깐 놀아 주다 보면 10시를 넘기기 일쑤다. 아이를 재우고 나면 밀린 빨래와 청소를 해야 한다. 이러다 보면 늘 자정을 한참 넘긴 뒤에야 잠을 청할 수 있다. 주말에도 장보기와 밑반찬 만들기, 시댁 경조사 참석 등 챙길 일이 적지 않다. 이렇게 하루하루 전쟁처럼 살다 보면 '대체 나는 뭔가' 하는 생각이 든다. 사정이 이런데도 아이가 잘못된 행동이라도 할라치면 '엄마가 애를 어떻게 키웠기에 이러냐'는 나무람을 듣기 십상이다.

김은진 씨처럼 이 땅의 수많은 워킹맘은 고달픈 일상을 살아야 한다. 여성의 사회 진출은 증가하는 데 비해 질 좋은 보육 시설은 턱없이 부족하기 때문이다. 육아로 인해 사회 활동을 중단해야 할지도 모르는 상황에서 자녀를 하나 더 낳기란 쉽지 않다. 실제로 둘째 아이를 낳은 워킹맘들 중 상당수는 양육 부담을 덜어 줄 저렴한 탁아 시설을 찾지 못해 직장을 포기하는 경우가 많다. 연봉 4000만 원 이상의 고소득자가 아닌 이상 월급이라고 받아 봐야 보육 시설이나 양육 도우미에게 주고 나면 남는 게 없기 때문이다.

게다가 최근에는 좀 나아지고 있지만 우리나라 남편들의 가사 분담률은 외국에 비해 여전히 낮다. 2006년 보건복지부가 350쌍의 신혼부부를 대상으로 조사한 결과 72%가 맞벌이 부부였지만, 가사 분담률은 아내가 68%를 차지한 반면 남편은 32%에 그쳤다.

워킹맘들이 겪는 문제가 비단 우리나라만의 문제는 아니다. 외국에서도 워킹맘들이 육아와 직장 생활을 겸하는 데 따르는 부담감이 출산율 저하로 이어진다는 인식이 있다. 그래서 각 나라마다 다양한 대책을 내놓는데 크게 세 가지 방향으로 나뉜다. 첫째는 양성 평등 환경 조성, 둘째는 출산 및 육아 비용 경감, 셋째는 보육 환경 개선이다.

주목할 것은 저출산 문제로 고민하던 세계의 여러 나라 중 출산율이 회복된 곳은 프랑스나 스웨덴처럼 양성 평등도가 높은 국가들이었다는 점이다. 육아에 대한 보수적인 가치관이 출산율 제고를 가로막는 가장 큰 걸림돌임을 보여 주는 증표다.

실제로 일본 정부가 2005년 10월 일본과 한국, 미국, 프랑스, 스웨덴 등 5개국 남녀 1000명을 대상으로 양성 평등도를 조사했는데 일본과 한국에서는 '자녀 보육 책임이 주로 여성에게 있다'는 답이 각각 66.8%와 67.9%나 되었다. 미국(36.0%)이나 프랑스(45.1%), 스웨덴(6.8%)과 비교할 때 큰 인식의 차이를 보이고 있는 것이다.

사실 일본은 1995년부터 '에인절 플랜', '신(新) 에인절 플랜' 등

10년 넘게 출산 장려 정책을 펴 왔다. 그러나 일본의 출산율 그래프는 쉽사리 움직이지 않았다. 일본의 합계 출산율은 2006년 1.29명으로 떨어졌고 특단의 대책이 없는 한 2013년에는 1.21명으로 떨어질 것으로 전망되고 있다.

뒤늦게 일본 정부는 현금 지원이나 보육 시설 확장 등 현물 중심의 보육 정책에서 양성 평등 의식을 사회 전반으로 확대시키는 정책으로 선회했다. 지난 10년 동안 보육 시설 확충과 아동 수당 지급 등 하드웨어 지원에 집중했다면 이후로는 양성 평등 문화 조성이라는 소프트웨어 만들기에 최선을 다한다는 방침이다. 이를 위해 직장에서부터 양성 평등이 실현될 수 있도록 기업들을 독려하고 있으며, 실질적인 지원책도 내놓을 전망이다.

최근 우리나라 정부도 저출산 문제를 해결하기 위한 방안으로 각종 육아 지원에 나서고 있다. 그렇지만 눈에 띄는 단기 처방을 내놓기 전에 양성 평등도가 높은 국가일수록 출산율 회복도가 높았다는 점을 상기해야 한다. 육아비 및 출산 장려금 일부를 지원해 주는 제도도 좋지만 이 같은 하드웨어적인 방안만으로는 출산율 회복에 한계가 있다.

결국 가장 시급한 것은 출산과 육아가 '각 가정이 알아서 해결해야 할 문제'라거나 '여성에게 지워진 짐'이라는 인식에서 벗어나는 일이다.

일본처럼 10년 이상을 허송세월하지 않으려면, 출산과 육아가 우리 모두의 공동 책임이라는 사회적 공감대를 하루라도 빨리 확산시켜 나가야 한다. 워킹맘의 '일하는 슬픔'이 커질수록 출산율 회복은 먼 나라 얘기가 될 것이기 때문이다.

틈이 벌어지고 있다

양극화의 두 얼굴, 그리고 하나의 해답

'양극화' 라는 단어가 대한민국을 뒤흔들고 있다. 이젠 용어의 원뜻이 무엇인지조차 헷갈릴 정도로 양극화라는 세 글자는 아무 데나 갖다 붙이기만 하면 다 통하는 유행어가 되어 버렸다. '소득의 양극화' 라는 개념을 넘어 '계층 간 양극화', '이념 간 양극화', '세대 간 양극화', '산업 간 양극화' 등으로 끊임없이 자기 분열과 증식을 하고 있다. 심지어 기러기 아빠조차도 처자식을 외국에 보냈지만 풍족한 생활을 하는 '독수리 아빠' 와 처자식 뒷바라지 때문에 어쩔 수 없이 투잡스(two jobs)로 힘들게 살아가는 '펭귄 아빠' 로 나뉘어 '기러기 아빠의 양극화' 라는 말까지 생겨났다.

어디 그뿐인가. '얼굴 양극화' 에 '영화 평점 양극화' 도 있다. 이런 식이라면 우리나라에 양극화되지 않은 게 없을 정도로, 이 용어는 우리 사회의 여러 단면을 비유하는 키워드가 되었다. "나이가 들면 뱃살 등 지방층은 늘고 근육은 줄어드는 '양극화 현상'이 일어난다"는 식으로 건강 칼럼에도 등장하고, "킹카를 둘러싼 소개팅의 양극화 현상"이란 농담까지 등장했다.

물론 양극화의 사전적 의미가 '서로 점점 달라지고 멀어짐'이니 과하게 틀린 표현은 아니다. 그러나 양극화란 원래 자본주의가 발달하면서 발생하는 구조적인 문제, 즉 소득의 불평등을 연구한 데서 출발한 사회학적 용어이다. 그랬던 이 용어가 이처럼 대대적으로 유행하게 된 것은 아마도 최근 우리나라에서 계층 간, 산업 간, 지역 간의 소득 격차가 우려할 정도로 커졌기 때문이 아닌가 싶다.

사실 양극화는 비단 우리나라만의 문제가 아니다. 미국도 빈곤 계층의 급증을 우려하고 있으며 복지 정책이 잘되어 있는 편인 영국이나 프랑스 같은 유럽의 선진국들, 산업화의 급진전을 이룬 중국도 마찬가지다. 아시아에서 비교적 안정적인 경제력을 갖고 있다는 일본도 '격차 사회'라는 신조어가 유행할 만큼 심각해지는 양극화 문제로 골머리를 앓고 있다.

최근 이 양극화 현상은 개피털리즘(gapitalism)의 양상까지 띠고 있다. 개피털리즘이란 자본주의를 뜻하는 캐피털리즘(capitalism)과 차이를 뜻하는 갭(gap)을 합성한 신조어로, 각 나라의 소득과 교육 등의 양극화가 자본주의의 경쟁 논리 및 글로벌리즘과 맞물려 세계적인 추세로 확산되는 현상을 가리키는 말이다. 비교적 부의 분배가 잘 이루어지는 편이라는 프랑스에서 시작된 말이라고 하니, 지구촌 어디서든 양극화는 피해 가기 어려운 문제인 모양이다.

　사실 인류 역사상 완벽하게 평등한 사회는 없었다. 잘사는 사람이 있으면 못사는 사람이 있었고, 잘난 사람이 있으면 못난 사람이 있었다. 13세기 말 중국 땅을 여행한 마르코 폴로는 《동방견문록》에서 남송의 수도이던 임안(臨安; 현재의 항저우)을 가리켜 '지상의 천당'이라고 묘사했다. 당시 르네상스를 대표하던 도시 베네치아보다 훨씬 번영을 누리는 아름다운 도시로 보였기 때문이다. 하지만 중국의 역사서에는 남송의 수도 임안의 사회상에 대해 '국민은 가난하고 경제는 바닥을 치며 사대부는 부끄러움을 모른다'라고 적혀 있기도 하다. 도시의 번영과는 상관없이 농민들은 전비(戰費) 부담과 과중한 세금으로 인해 처참한 생활을 하고 있었던 까닭이다.

　이렇듯 양극화는 대부분의 시대, 대부분의 나라에 늘·존재해 왔다. 더욱이 자본주의 사회에서는 그 체제 속성상 부자와 가난한 사람 사이에 격차가 존재할 수밖에 없다. 어떤 면에선 가난한 사람이 부자가 되려는 노력, 부의 격차를 극복하려는 동기가 자본주의의 발전을 이끈 동력이라는 것도 부인할 수 없는데, 이로 인해 경제적 소외 계층이 생겨나기도 한다. 자본주의가 발달한 초일류 선진국인 미국의 경우가 특히 그렇다. 〈월 스트리트 저널〉은 미국연방준비제도이사회(FRB)의 자료를 인용해 미국 내 상위 1%의 부자들이 미국 순 자산의 33.4%를 차지하고 있다고 보도했다.

경제적으로 선진국 문턱에 들어선 우리나라 역시 이 문제에서 예외일 수 없다. 특히 1997년 외환 위기를 겪으면서 급속도로 부의 재편이 이뤄진 반면, 합리적인 조세 제도를 갖추지는 못해 부의 편중이 심화되어 사회 곳곳에서 부작용을 드러내고 있다. 그렇다면 과연 대한민국의 양극화는 어느 정도일까?

우선 소득의 불평등 정도를 이야기할 때 대표적으로 언급되는 '지니 계수'를 한번 살펴보자. 소득이 얼마나 균등하게 분배되어 있는가를 나타내는 지니 계수는 0에서 1 사이의 값을 갖는데, 0에 가까울수록 소득 분배가 잘된 것으로 보고 0.4를 넘으면 소득 분배가 불평등한 것으로 간주한다.

UN개발계획이 발표한 〈2005년 인간 개발 보고서〉에 따르면 2005년 우리나라의 지니 계수(2인 이상 도시 근로자 가구 기준)는 0.31로 나타났다. 전체 111개국 중 25위를 차지한 우리나라는 지니 계수 자체는 미국이나 영국, 뉴질랜드, 캐나다보다 낮았다. 지니 계수만 놓고 보면 소득 분배 정도는 비교적 양호한 편이다.

그러나 관련 지표를 좀 더 자세히 들여다보면 결코 안심할 수 없다. 우선 해가 바뀔수록 지니 계수가 점차 상승하고 있다. 2005년을 기준으로 살펴보면, 그 10년 전인 1995년에는 지니 계수가 0.284에 불과했다. 그렇지만 외환 위기 직후인 1998년에는 0.316을 기록, 0.3대를 돌파했다. 외환 위기로 인한 구조 조정과 실업의 여파가 소득 불평등으로 이어진 것이다. 이듬해인 1999년에는 0.320까지 상승, 1993~2005년 중 최고치를 기록했다. 외환 위기 직후보다 불평등 정도가 더욱 심화된 것이다.

정권별로 살펴봐도 문민정부 시절 평균 0.28이던 지니 계수가 국민의정부에 들어서 0.316으로 올라갔다가, 다시 참여정부에서는 0.31 정도를 나타내고 있다. 외환 위기 이후 상승한 지니 계수가 하강 곡선을 그리지 못한 채 여전히 유지되고 있는 것이다.

상위 계층과 하위 계층 간의 경제력 격차가 커진 것도 소득이 공평하게 분배되지 못한다는 인식에 한몫을 하고 있다. 상위 계층 20%의 소득을 하위 계층 20%의 소득으로 나눠 비교하는 '5분위 분배율'은 2005년에 5.43을 기록했다. 이는 상위 20%의 소득이 하위 20%의 소득보다 평균 5.43배가 많다는 뜻이다. 쉽게 말해 10명 중 소득 수준이 낮은 순으로 아래 2명이 100만 원을 벌 때 위의 2명은 평균 543만 원을 벌었다는 말이다. 다행히 이 수치 역시 국민 소득 상위 30개국의 평균 6.37보다는 낮고, 유럽의 몇몇 나라와 일본을 제외하면 우리나라보다 낮은 나라는 별로 없다.

그렇지만 5분위 분배율 또한 점점 높아지고 있다는 게 문제다. 특히 1998~2005년에는 평균 5.36을 기록하여 사상 최악의 소득 격차를 보여 주었다. 외환 위기를 겪으면서 벌어진 소득 격차가 좁혀지지 않고 있다는 얘기다.

결국 외환 위기로 인해 나빠진 양극화 관련 지수들이 개선되지 않는 상황이 이어지면서 국민이 체감하는 상대적 격차가 점점 더 벌어지고 있다고 봐야 한다.

통계청 발표에 의하면 2001년부터 4년 동안 동네 구멍가게 1만 1000곳이 문을 닫았다. 하루 평균 8곳이 없어진 반면, 대형 할인 매장은 78곳이 늘어났다. 아울러 자영업자가 운영하는 소형 점포의 불황 속에서도 대형 할인점과 백화점은 외형을 키워 영업 이익률을 높인 것으로 조사되었다.* 실상 요즘 유행하는 '귀족 마케팅'도 양극화에 대한 사람들의 심리를 역이용한 것이라 할 수 있다. 양극화는 그 실체가 무엇이건 간에 이미 우리 마음속에, 생활 속에, 사회 전반에 깊이 파고들어 있는 것이다.

중산층이 줄고 빈곤층이 늘고 있는 점도 양극화를 심화시키는 한 요인이 되고 있다. KDI의 분석에 의하면 외환 위기 직후 우리 사회의 중산층은 1997년 68.5%에서 2004년 63.9%로 감소했다. 특히 줄어든 4.6%포인트 가운데 상류층으로 상향 이동한 비율은 0.7%포인트에 불과한 반면, 나머지 3.9%포인트는 빈곤층으로 떨어졌다는

---

*2005년 기준 '서비스업 총조사' 결과.

게 문제점으로 지적되고 있다. 이와 함께 1997년 9.7%에 불과하던 빈곤층이 외환 위기 직후인 1998년에는 11.9%로 늘어났으며, 2004년에는 13.6%까지 증가했다는 것이 KDI의 보고다. 그리하여 '중산층의 몰락'이라는 표현까지 나올 정도이다.* 반면 상류층은 1997년 21.8%, 1998년 23.3%를 차지한 이후 2004년에도 22.5%로 비슷한 수준을 유지하고 있다(KDI 자료).

중산층이 빈곤층으로 전락하는 이유는 무엇보다 부동산과 금융 자산 등이 상류층에 집중된 탓이다. 실제로 우리나라에서 부동산 소득이 없는 가구는 전체의 90.3%에 달하고, 금융 소득이 전혀 없는 가구도 81.2%나 된다. 전체 가구의 10~20%만이 부동산 소득과 금융 소득을 올리고 있는 것이다.

근로 소득이 주 소득원인 중산층은 고용의 질이 나빠지면 소득이 감소할 수밖에 없어 언제든지 빈곤층이 될 수 있다. 게다가 비정규직이나 임시직이 늘면서 고용의 질이 더욱 나빠지고 있기 때문에 중산층이 절대 빈곤층의 바로 위 계층인 차상위(次上位) 계층으로 이동하게 되고, 차상위 계층 역시 언제든지 절대 빈곤층으로 떨어질 위험에 놓여 있는 것이다.

---

* 중산층의 기준이 연구마다 다르지만 OECD는 중위 소득의 50~150% 범위에 있는 가구나 근로자를 중산층으로 분류한다.

2007년 OECD가 발표한 〈2007년 고용 전망 보고서〉에서 우리나라는 지난 10년간 소득 격차가 가장 많이 벌어진 나라 중 3위를 차지했고,* 10분위 분배율(상위 계층 10%의 소득을 하위 계층 10%의 소득으로 나눈 것)도 4.51로 나타났다. 1995년 3.64에서 무려 0.87이나 늘어난 수치다. 또한 2003년 기준으로 일반세의 사회 보장 부문 사용 비율이 꼴찌를 기록했고, GDP 대비 사회적 비용 지출 비중이 10%에도 미치지 못해 멕시코와 함께 조사 대상 20개국 가운데 뒷자리를 차지했다.

이 보고서는 말미에서 터키, 멕시코와 함께 우리나라를 '사회 안전망(social safety net)이 성숙하지 못한 나라'라고 지적하고 있다. 사회 안전망은 경제 성장과 함께 나라의 선진화를 재는 척도다. 이런 지적은 우리가 아직 선진국으로 도약하기에는 여러 면에서 부족하다는 사실을 일깨워 준다.

결국 양극화 문제의 해법은 사회 안전망 확충에서 찾을 수밖에 없다. 이미 대부분의 선진국은 경제의 지속 성장을 위한 노력과 함께 사회 안전망 및 복지 확충을 통해 심화되는 양극화를 극복해 나가고 있다.

대표적인 복지 선진국인 프랑스도 서민을 위한 주택 보급 확대,

---

* 1위는 헝가리, 2위는 미국이었다.

저소득층을 위한 에너지 비용 보조 등 구체적이고 다양한 복지 정책을 내놓고 있다. 이러한 정책 기조는 세계화와 과도한 사회 보장으로 인한 재정 적자에 대한 우려 속에서도 경제 정책과 사회 정책을 동시에 실현하겠다는 의지를 담은 것이라 더욱 돋보인다. 그 가운데에서도 고용 정책의 활성화를 위해 자발적인 실업을 줄이고 취업 동기를 부여하는 고용 수당 제도를 도입한 것은 우리가 특히 눈여겨봐야 할 점이다.

이러한 정책 기조가 비단 프랑스만의 것은 아니다. 갈수록 늘어나는 빈곤층을 배려하는 미국의 교육 지원 제도, 사회적 약자를 위한 오스트리아의 원스톱 복지 시스템, 캐나다를 살기 좋은 나라로 만들어 주는 의료 복지 시스템, 남·북 지역 간의 경제적 격차를 해소하려는 이탈리아의 남부 지역 지원 등 양극화로 인한 사회적 갈등을 해소하려는 노력은 각 나라마다 다양하게 펼쳐지고 있다.

반면 우리나라는 여전히 성장이냐, 분배냐 하는 이분법적인 논쟁만 되풀이할 뿐 정확한 현실 인식을 토대로 한 해결책 마련에는 소극적인 모습이다. 물론 양극화가 우리에게 딜레마를 안겨 주는 문제인 것은 분명하다. 우리나라는 지금 중국, 인도, 브라질 등 신흥 강국의 추격 속에서 그들을 따돌리고 지속적인 경제 성장을 이뤄야 하는 절대적인 과제를 안고 있다. 그것만으로도 무척이나 벅찬 목표가 아닐 수 없다.

하지만 그렇다고 해서 성장을 위해 다른 모든 것을 희생할 수도 없는 형국이다. 사회적 약자에 대한 배려가 없는 '개발'과 '선진화'는 헛된 구호에 불과하기 때문이다. 따라서 양극화 문제 해결은 단순히 사회적 갈등을 줄인다는 차원을 넘어 국가 경제의 선순환과 미래의 지속 성장을 위한 선결 과제이기도 한 것이다.

지나친 평등주의도 우리 사회의 발목을 잡지만, 다른 한편의 희생에 대해 눈감아 버리는 성장주의는 더욱 위험하다. 성장과 분배는 일견 충돌하는 가치인 듯 보이지만 궁극적으로는 같은 고리로 연결되어 있다. 사회 구성원 모두가 천부적으로 가진 '행복할 권리'를 국가가 공평히 충족시켜 줄 때 경제 또한 지속 성장의 길을 달릴 수 있기 때문이다.

양극화 딜레마를 극복하기 위해서는 바이폴러(bipolar) 전략을 활용할 필요가 있다. 이른바 모순 전략이라고 불리는 바이폴러는 상반되거나 상호 조화가 어려운 가치를 병행 추구함으로써 최종 성과를 극대화하는 경영 전략의 하나로, 무한 경쟁 시대에 특히 각광받는 사고방식이다. '품질 개선을 위해 어쩔 수 없이 비용이 들어간다'는 부정적 인식을 정반대로 바꿔 '품질이 개선되면 결국 생산 비용이 감소된다'는 인식으로 발상을 전환하는 게 바로 바이폴러 전략의 핵심이다. 지금 우리 사회에 필요한 게 이러한 사고방식이 아닌가 싶다.

양극화는 단박에 해결 가능한 쉬운 과제가 결코 아니다. 하지만 피해 갈 수 없는 문제라면 긍정적인 마음으로 해결 방법을 모색해야 한다. 다행히 우리 사회의 각종 지수들을 살펴보면 아직은 양극화 문제가 자석의 N극과 S극처럼 첨예한 정도는 아닌 것으로 판단된다. 그러나 그렇게 되기 전에 좀 더 세심하게, 전략적으로 대처해야 하는 것만은 틀림없다.

다시 패자 부활전을 기다린다

빈곤의 고착화, 어떻게 막을 것인가?

'2007 경제학 공동 학술 대회'에서 발표된 〈세대별 빈곤 진출입 결정 요인 연구〉에 따르면, 우리 사회는 '빈곤의 고착화'가 더욱더 심화되고 있는 것으로 나타났다. 실제로 1년 만에 빈곤 상태에서 벗어난 가구가 2000~2001년에는 38.1%였지만 2003~2004년에는 26.5%에 불과했다. 이는 일단 빈곤 상태에 빠지면 벗어나기가 쉽지 않고, 해가 갈수록 빈곤에서 벗어날 확률이 떨어진다는 뜻이다.

이처럼 가난한 사람일수록 가난에 더 옥죄게 되는 원인은 무엇일까? 그중 하나로 지목되는 것이 바로 소득과 자산, 교육의 불평등이다. 특히 소득과 자산이 상대적으로 취약한 빈곤층에게 그동안 신분 상승의 동력이 되어 준 교육 측면에서조차 불평등이 심화되면서 가난 탈출을 더 어렵게 만드는 것이다.

해마다 연말이면 각 방송사들이 앞 다투어 불우 이웃 돕기 방송에 나서는데, 그럴 때면 으레 가난한 동네 아이들을 찾아가는 방송인이나 연예인의 모습이 화면에 등장하곤 한다. 방송 진행자나 연예인 등은 다 쓰러져 가는 쪽방에서 병든 부모와 함께 사는 소녀가장이나 부모 없이 사는 고아들의 어깨를 눈물 글썽이며 다독인다. 그러고는 아이가 갖고 싶어 하는 것을 선물해 주면서 "지금은 비록 가난한 형편에서 어렵게 살고 있지만 앞으로 열심히 공부하며 희망을 버리지 않는다면 미래는 분명 현재보다 나을 것"이라는 교훈적인 메시지도 잊지 않는다. 하지만 정말로 그 아이들은 부모 세대의 어려움을 딛고 일어설 수 있을까?

예전에는 시골 마을 어귀에서 '축 홍길동, 사법 고시 합격' 또는 '축 홍길동, 서울대 의대 합격' 같은 플래카드를 어렵지 않게 볼 수 있었다. 실제로 그 시절에는 형설지공의 노력만 있다면 꿈꾸던 목표를 이뤄 윤택한 삶에 한층 가까이 다가갈 수 있었다. 가진 것 없고 물려받은 재산 없는 가난한 집 아이들에게 교육을 통한 신분 상승이야말로 가난의 때를 씻을 수 있는 유일한 탈출구였다. 하지만 최근에는 이런 사례를 찾아보기가 어렵다. 계층 간, 지역 간 교육 격차가 나날이 확대되고 있는 탓이다. 형설지공의 노력만으로 신분 상승을 이루기에는 자본의 힘이 너무나 위력적이다.

2006년 한국교육개발원(KEDI)의 조사를 보면 부모가 고위급 임

직원이거나 전문직인 경우 그 자녀의 서울 소재 4년제 대학 진학률은 33%인 것으로 나타났다. 반면 부모가 농업이나 어업에 종사하는 경우 그 자녀가 서울에 있는 4년제 대학에 진학하는 비율은 7.3%에 불과했다. 부모가 기능 근로자나 단순 노무직일 경우에도 이 비율은 각각 6.6%와 8.6%에 그쳤다.

부모의 직업뿐만 아니라 학력에 따른 자녀 진학률에서도 큰 차이를 보였다. 부모가 대학원 석사 이상의 학력을 가졌을 때 그 자녀의 서울 소재 4년제 대학 진학률은 무려 41.4%였다. 또 부모가 4년제 대학을 졸업한 경우에는 28%로 나타났다. 그렇지만 부모의 학력이 2년제 전문대 졸업이면 16.7%로, 고등학교 졸업이면 12.5%로 내려갔다. 특히 부모가 중학교나 초등학교 졸업 이하일 경우에는 서울 소재 4년제 대학 진학률이 채 5%가 안 되는 것으로 나타났다.

이러한 조사 결과는 우리 교육이 이제 더는 '계층 이동의 통로' 역할을 하지 못하고 있음을 의미한다. '개천에서 난 용'을 보기는 힘들어졌지만 '있는 집 자식이 공부를 더 잘한다'는 말은 현실이 되고 있는 것이다. 다시 말해 부모가 가난하면 자식에게 충분한 교육의 기회를 제공하지 못하게 되고 그것이 다시 자녀의 저학력과 그로 인한 가난으로 이어지고 있다는 의미다.

자본주의 사회에서 타고난 가난은 어쩔 수 없는 것일 수도 있다. 그러나 기회의 불평등과 불균형을 촉진하는 요소들을 정책적으로 약화시킴으로써 불평등의 세습과 심화를 막는 것은 정부가 마땅히 해야 할 일이다. 자칫 이러한 불평등과 양극화의 심화가 국가 경쟁력을 갉아먹어 머지않아 국가 전체를 위협하게 될지도 모르기 때문이다.

알다시피 21세기에 가장 중시되는 국가 경쟁력 요소 중 하나는 국가 및 사회를 이루는 각 구성원 간의 '신뢰'이다. 과거의 경제 성장은 단순히 물적 자원의 효율적 투입과 배분에 따라 결정되었지만 미래의 경제 성장은 '사람', 곧 '보이지 않는 지식'에 달려 있으며, 따라서 계층 간의 인적·지적 네트워크가 얼마나 유기적이고 효율적으로 작동하는가가 중요해진다.

비록 지금은 교육 기회의 불평등과 빈곤의 고착화 문제가 수면 위로 떠오르지 않는다 해도 그것이 언제 어떻게 폭발하여 우리 사회를 뒤흔들지는 알 수 없다. 생각해 보자. '나도 할 수 있다'라는 동기 유발이 되지 않는 세상, '나는 기회조차 박탈당했으며, 고로 나는 이 사회에서 아무런 가치가 없다'는 패배 의식이 가득한 사회에 무슨 미래가 있겠는가. 이는 결국 사회 전체의 효율성 저하로 이어질 가능성이 높다.

따라서 지금이야말로 국가적인 차원에서 계층 간 연결고리가 끊어진 데 따르는 후유증을 심각히 고려해야 할 시점이다. 최근 반인륜적이고 이유 없는 한풀이식 강력 범죄가 늘고 있는 것 또한 사회적 갈등이 증폭되고 있음을 반증하는 일종의 시그널이 아닌가 싶다.

'나만 잘살면 된다'는 생각으로는 사회의 발전은 물론 스스로의 안전조차 담보할 수 없음을 깊이 인식해야 한다.

패자 부활전이 없는 사회는 곧 희망 없는 사회와 같고, 희망이 없는 사회는 결국 절망과 분노에 지배당할 가능성이 높다. 따라서 패자 부활전이 가능한 사회를 만들기 위해 정부는 좀 더 견고하고 실질적인 사회 안전망을 구축하고, 사회 복지 및 분배 정책을 실시할 필요가 있다. 아울러 사회의 그림자 속에서 살아가는 사람들에 대한 기득권층의 인식 전환과 보다 적극적인 관심도 요구된다.

당신도 혹시 워킹 푸어?

열심히 일한 당신, 그러나 '떠날 수 없는' 이유

1960년대에 보릿고개조차 넘기 힘들던 대한민국이 단기간에 풍요로워질 수 있던 데에는 가난하지만 부지런한 사람들의 공이 컸다. 새벽부터 밤늦게까지, 일요일도 반납한 채 일에 매달린 우리네 부모님들 덕분인 것이다.

그 시절, 사회에 갓 발을 내디딘 아들과 딸에게 부모는 으레 성실하게 살 것을 당부하곤 했다. 게으름 피우지 않고 부지런히 일하면 언젠가는 부자가 되리라는 희망을 가질 수 있던 사회, 그것이 과거 우리 사회의 모습이었다. 그래서 예전에는 별 볼일 없어도 성실하던 우리네 아버지들이 텔레비전 드라마의 단골 주인공이었다. 막 시골에서 상경한 촌놈이 몸뚱이 하나로 서울 생활을 헤쳐 나가 성공하는 이야기를 보며 시청자들은 은근히 대리 만족을 느끼곤 했다.

그런데 대한민국이 이상해졌다. 등골이 휘어져라 일을 해도 가난에서 벗어날 수가 없다. 흔히 가난의 원인이라고 여겨지는 게으름 때문일까? 그건 아닌 것 같다. 분명 뼈 빠지게 일을 하는데도 늘 쪼들리고, 주변에는 희망조차 가질 수 없는 사람들 일색이다.

취재 중에 만난 박상태 씨도 그랬다. 50대 중반의 나이로 동대문 뒷골목에서 가방을 판매하고 있지만, 사실상 그의 가게는 오래전부터 개점 휴업 상태다. 하루 종일 죽치고 앉아 있어도 가방 하나 팔기가 힘들다. 매달 꼬박꼬박 내야 하는 가게 임대료를 벌지 못해 보증금도 거의 까먹은 상태다. 1997년 외환 위기 때 뚝 떨어진 매출은 회복될 기미가 보이지 않는다.

장사가 제대로 되지 않다 보니 가족들도 생업 전선에 뛰어든 지 오래다. 박씨의 부인은 옆집 아이를 돌봐 주는 대가로 매달 60만 원을 번다. 큰딸은 대학을 휴학하고 백화점에서 판매 아르바이트를 시작했다. 그렇지만 이렇게 가족 셋이 힘들게 일해도 한 달 수입은 4인 가족 최저 생계비(약 113만 원)를 조금 웃도는 137만 원밖에 안 된다. 일반 직장에 다니는 회사원 혼자 한 달에 버는 돈보다도 적은 액수다.

그렇다고 가게 문을 닫을 수도 없다. 달리 할 줄 아는 것도 없고 새로운 일을 시작할 자금도 없기 때문이다. 그래서 가게 운영과 병행할 수 있는 다단계 판매에 나서 봤지만 할당된 실적을 메우느라 오히려 빚만 졌다. 노후를 걱정해야 할 나이인데도 노후 준비는커녕 당장 내야 할 임대료도 마련하지 못하고 있다.

박씨처럼 일을 하긴 하는데 소득이 충분치 않아 계속 빈곤에 허덕이는 사람들을 일컬어 '워킹 푸어(working poor)', 즉 근로 빈곤층이라고 한다. 가구 구성원 중에 한 사람 이상이 직업을 갖고 있는데도 최소한의 생활수준을 유지하지 못하는 저소득 계층이다. 분류상 생활 필수품을 얻을 수 없을 정도의 삶을 사는 '절대 빈곤층'의 차상위 계층에 해당한다.

비정규직 근로자와 영세 자영업자가 대표적인 워킹 푸어이다. 대통령 자문 빈부격차차별시정위원회가 2006년 추산한 근로 빈곤층은 132만 명에 달했다. 근로 빈곤층 통계는 과거에 발표된 적이 없어서 얼마나 늘었는지는 알 수 없다. 다만 임시직 등 비정규직 근로자가 늘면서 근로 빈곤층도 증가하고 있는 것으로 분석된다. 실제로 정부 발표에 따른 우리나라의 실업률은 어느 정도 안정 추세인데도 가난하게 사는 사람은 늘고 있다. 통계청 자료에 따르면 전체 가구의 중간 소득의 50% 미만을 버는 빈곤층 가구는 2002년 11.8%에서 2006년 3분기 기준 13.7%로 늘어났다.

근로 빈곤층으로 꼽히는 비정규직은 2001년 이후 지속적으로 증가하고 있다. 노동부에 따르면 2000년의 비정규직은 전체 근로자의 35.5%였다. 이들은 정규직보다 임금과 복지 수준이 열악하다. 비정규직의 임금 수준은 정규직의 71% 정도이며, 국민 연금이나 건강 보험, 퇴직금 등 사회 보험의 혜택을 받는 범위도 40% 미만이다. 또 다른 근로 빈곤층인 영세 자영업자도 증가 추세이다. 한국노동연구원(KLI)에 따르면 월 소득 100만 원 미만 자영업자는 2002년 전체 자영업자의 36.7%에서 2004년에는 37.2%로 늘었다. 자영업자 10명 중 4명 정도가 한 달에 100만 원도 못 번다는 뜻이다.

근로 빈곤층 증가의 가장 큰 원인은 경기 침체이다. 경기가 침체되면 안정적인 일자리가 줄어드는 대신 임시직과 일용직이 늘어난다. 그렇게 되면 상용직과 임시직 간에 임금 격차가 커져 일을 해도 가난에서 벗어나지 못하는 근로 빈곤층이 양산될 수밖에 없다.

우리나라에서 영세 자영업자나 비정규직 노동자가 늘어난 때는 1997년으로, 나라 전체를 뒤흔든 외환 위기가 직접적인 영향을 끼쳤다. 당시 기업들은 생존을 위해 대규모 인력 감축을 단행했는데, 핵심 인력만 정규직으로 채우고 나머지는 비정규직 근로자로 메웠다. 이후 경기 불황이 지속되면서 기업은 구조 조정을 상시화했고 결국 거리로 내몰린 사람들이 마땅한 일자리를 찾지 못해 영세 사업자로 전락했다. 동시에 비정규직 근로자들도 워킹 푸어 대열에 합류했다.

문제는 이들이 하루 벌어 하루 먹는 생활을 영위하고 있는데도 어쨌든 최저 생계비를 조금 웃도는 정도의 수입이 있기 때문에 정부의 생계 지원을 받는 기초 생활 보호 수급 대상자로 인정받지 못한다는 점이다. 빈부격차차별시정위원회는 132만 명의 근로 빈곤층 가운데 정부 지원을 받는 기초 생활 보호 수급 대상자는 30만 명에 불과한 것으로 파악하고 있다. 나머지 102만 명은 약간의 재산이 있거나 소득이 최저 생계비를 조금 웃돌기 때문에 사회 복지의 사각지대에서 시름을 견뎌야 하는 것이다.

근로 빈곤층 문제를 해결하기 위해 선진국들은 간접 지원책과 직접 지원책을 병행한다. 직접 지원책은 최저 소득을 국가가 직접 보장하는 방식인데, 독일과 프랑스 등 대부분의 유럽 국가가 이 제도를 시행하고 있다. 유럽 국가들은 이른바 최저 소득 보장 제도를 통해 모든 빈곤층에게 최저 소득과 의료, 주거 등 기본적인 서비스를 제공한다. 실업 급여를 다 쓰고도 여전히 일자리를 구하지 못한 장기 실업자까지 보조금을 지급받는다. 물론 이러한 직접 지원책은 정부 재정에 막대한 부담을 초래하기 때문에 조세 제도가 잘 확립되어 있지 않은 나라에서는 실행하기가 힘들다.

한편 간접 지원책으로는 미국과 호주 등에서 실시하는 근로소득 보전세제(EITC)가 대표적인데, 근로 빈곤층의 소득이 일정 수준에 도달할 때까지 정부가 세금으로 되돌려 주는 형태이다. 근로 빈곤층의 일할 의욕을 높여 빈곤 문제를 간접적으로 해결하려는 취지에서 마련된 제도이다. 세금이 공제액보다 많을 경우 공제액을 빼고 세금을 내면 된다. 만약 세금이 공제액보다 적으면 그 차액을 받게 되고, 세금을 전혀 내지 않는 사람도 일정액을 보조받는다.

근로 빈곤층 문제가 사회적 이슈로 대두되면서, 우리나라도 2008년부터는 EITC 제도를 도입할 예정이다. 일자리는 있지만 가난에서 벗어나지 못하는 연 소득 1700만 원 미만의 근로자 가구에게 정부가 세금 공제 형태로 생계비를 보조해 주는 것이다. 세금을 돌려 준다는 의미에서 일명 '마이너스 소득세' 라고도 한다.

그러나 완전한 시행까지는 갈 길이 멀다. 이 제도는 자녀 수와 주택 소유 여부에 따라 네 단계에 걸쳐 수혜 대상이 확대될 계획이지만, 네 번째 단계로 접어들어 자녀가 없는 360만 가구로 적용 대상이 확대되는 2013년 이후부터는 2조 5000억 원가량의 예산이 필요하다. 결국 재원 조달 방안이 문제라는 얘기다.

수혜 대상자를 선별하는 일도 쉽지 않다. 국민의 세금이 집행되는 것이니만큼 대상자 선별이 중요한데 개별 가구의 소득을 파악하기가 만만치 않은 탓이다. 특히 자영업자의 경우 소득 파악이 어려워 부정하게 지원금을 타려는 사람이 생길 수 있다. 누구를 수혜자로 할지 정확히 파악할 수 있는 시스템이 뒷받침되지 않는 한 국민의 공감을 얻지 못할 것이다.

또한 우리나라의 근로 빈곤층은 소득 측면뿐 아니라 지출 측면에서도 발생하고 있기 때문에 EITC 같은 제도를 통해 국가가 '최저 소득'을 보장해 주는 것만으로는 충분한 구제가 어렵다는 점도 고려

되어야 한다.

결국 근본적인 대책은 안정적인 일자리를 많이 만드는 것이다. 물론 최저 임금 수준을 높이는 방안도 있지만 이는 기업의 부담을 가중시킨다는 부작용이 있다. 따라서 일자리 확충과 더불어 일하고자 하는 의욕을 어떻게 높일 것인지를 고민해야 한다.

2006년 미국의 시사 주간지 〈타임〉은 올해의 인물로 '당신(you)'을 선정했다. 어느 시대든 나라의 장래와 운명은 한 사람의 위대한 지도자가 아니라 불특정 다수의 개인에게 달려 있다는 의미다. 그러나 《아침편지》의 저자 고도원 씨가 말했듯이, "나무가 자신을 위해 나무 그늘을 만들지 못하는 것처럼 우리도 혼자서는 그 어떤 행복도 만들지 못한다". 근로 빈곤층이 함께 쉴 수 있는 나무 그늘을 만들기 위해 온 사회가 힘을 쏟아야 할 이유다. 근로 빈곤층이 다시 희망을 가질 때 '당신'의 미래도 보장된다.

코리아 엑소더스?

여기 아닌 어딘가를 꿈꾸는 사람들

1999년, 온 국민의 가슴을 아프게 한 사건이 있었다. 씨랜드 화재 참사로 아들을 잃은 국가 대표 필드하키 선수 김순덕 씨가 그동안 정부로부터 받은 훈장을 모두 반납한 뒤 뉴질랜드로 떠난 일이다. "병아리 같은 아이들이 컨테이너 안에서 엄마 아빠를 부르며 죽어간 나라에서 둘째를 키울 수는 없다"는 것이 그녀가 남긴 말이었다.

저마다 이유는 달라도 이런저런 사연으로 대한민국을 등지는 사람이 점차 늘고 있다. 과거에는 가난에서 벗어나 보려고 어쩔 수 없이 정든 고국을 떠나 낯선 땅으로 가는 생계형 이민이 많았다.

우리 국민의 첫 이민에 관한 공식적인 기록은 1860년대에 러시아 연해주 일대로 떠난 사람들이다. 1860년대 초 조선의 정치적 불안과 기근으로 인해 연해주 정착 이민이 시작되어, 1863년에 최초의 한

인촌이 형성되었고 이후 1867년에는 185가구 999명이, 그리고 1902년에는 3만여 명에 이르렀다는 기록이 남아 있다. 미국 이민사는 1902년 많은 한국인이 하와이 사탕수수밭 노동자로 일하기 위해 고국을 떠나면서 시작되었다.

이후 1980년대까지는 주로 생활고를 해결하기 위해 떠나는 절박한 이민이 대세를 이뤘다. 하지만 요즘의 추세는 확연히 달라졌다. 가난에서 벗어나기 위한 이민이 아니라 보다 나은 삶의 질을 얻기 위해, 혹은 대한민국에서의 삶이 만족스럽지 못해 떠나는 선택 이민이 대부분이다.

2006년 9월 통계청이 발표한 〈2005년 국제 인구 이동 통계〉에 따르면, 2005년 한 해 동안 3개월 이상 장기 해외 출국자는 37만 5935명으로 집계되었다. 2002년 29만 4129명에서 2004년 33만 4406명을 거쳐 꾸준히 늘고 있는 추세다. 물론 이 숫자 모두를 '해외 이민'으로 생각할 수는 없지만 단순한 여행이나 출장 이상의 의미를 가진 출국자가 이 정도인 것은 분명하다.

이러한 탈출 행렬은 특히 미국행에서 러시를 이루고 있다. 이는 아마도 어학 연수 등 대한민국의 영어 열풍과 무관해 보이지 않는데, 2006년 한 해 동안 주한 미국 대사관이 발급한 비자는 45만 건에 달했다. 2007년에는 1월 한 달에만 총 4만 5000건의 비자가 발급되었다. 이 같은 추세라면 2007년에는 50만 건이 넘는 미국 비자가 발급

될 전망이다. 이 또한 과거 가난한 사람들이 아메리칸 드림을 꿈꾸며 미국행 러시를 이뤘던 것과는 분명히 다른 모습이다.

그렇다면 왜 이렇게 많은 사람이 자기 삶의 뿌리인 대한민국을 떠나는 것일까. 매일같이 숨 가쁜 나날을 보내도 별반 나아지지 않는 생활을 돌아보며 '여기 아닌 다른 곳'을 꿈꾸기 때문은 아닐까. 전쟁 같은 삶에서 남들보다 조금만 더 열심히 달리면 목적지에 일찍 도착해 쉴 줄 알았건만 아무리 달려도 제자리걸음이기 때문은 아닐까. 쉼 없이 달려야만 현상 유지가 겨우 가능한 이 사회에 피로를 느끼는 건 아닐까.

실제로 사람들이 외국으로 나가는 까닭은 다양하다. 입시 지옥이 싫어서 조기 유학을 떠나는 학생들, 취업난 때문에 한국을 등지는 대학생들, 그리고 명예퇴직의 위협에서 벗어나기 위해 기술 이민을 준비하는 30~40대 직장인들……. 심지어 정년 퇴직한 공무원들마저 연금으로 외국에서 노후를 보낼 계획을 세우고 있다. 한마디로 굶주린 시대에서 벗어난 한국인들이 이제는 희망과 비전, 여유를 원하고 있는 것이다.

특히 교육 제도에 대한 아쉬움이 '코리아 엑소더스'를 만든 큰 요인이 되고 있다. 통계청에 따르면, 2005년 유학이나 연수 목적으로 장기 출국한 내국인은 10만 2000명에 달했다. 초·중·고교생의 조기 유학 러시는 거의 폭발적이다.

교육부에서 내놓은 〈2005학년도 초·중·고 유학생 출국 및 귀국 통계〉를 보면 2001년 7994명이던 조기 유학생이 2005년에는 2만 4000명으로 급증했다. 하루 평균 56명의 학생이 교육을 목적으로 이 나라를 떠나고 있는 셈이다. 게다가 이들은 부모의 해외 파견 동행이나 이민이 아니라 순수 조기 유학생들이다. 허리를 휘게 하는 사교육비, 툭하면 바뀌는 입시 제도, 시대 변화를 따라가지 못하는 공교육 등이 우리 학생들을 외국으로 내몰고 있는 것이다. '지옥'이라는 험한 말이 '교육'이나 '입시'라는 단어 옆에 나란히 붙는 풍토를 뜯어고치지 않는 한 이런 추세는 앞으로도 계속될 수밖에 없다.

최근에는 낳을 때부터 아예 자녀의 한국 국적을 포기하는 사람도 많아졌다. 2005년 통계청 자료에 따르면, 3000명이 원정 출산을 위해 외국으로 나갔다. 속지주의를 채택하는 미국령에서 아이를 출산하기 위해 떠나는 원정 출산은 초기에는 일부 부유층에서만 이뤄졌으나 그 범위가 점차 중산층으로까지 확대되고 있다. 〈로스앤젤레스 타임스〉의 한 관계자는 한국인 원정 출산자가 2007년에는 1만 명에 달할 것으로 추산했다. 한국에서 태어나는 연간 신생아의 2%에 해당하는 수치이다.

흔히 원정 출산을 떠나는 가장 큰 이유로 병역 기피를 꼽는다. 그렇지만 이외에도 2만 달러 정도만 들이면 자녀가 한국에서 취업하기까지 거쳐야 하는 모든 과정을 수월하게 넘길 수 있다는 생각도 자리 잡고 있다. 미국 시민권자가 되면 누리게 되는 미국 교육의 이점을 생각한다면 조기 유학 비용보다 오히려 저렴하게 먹힌다고 주장하는 사람들도 있을 정도다.

날 때부터 한국을 버리는 이런 분위기는 노령자들에게까지 이어져 적지 않은 사람이 은퇴 이민을 떠나거나 고려하는 추세다. 은퇴 이민의 주요 대상지는 동남아나 필리핀, 베트남 등 우리나라보다 생활비가 적게 드는 국가들이다. 실제로 필리핀이나 베트남에서는 한 달에 150만~350만 원만 있으면 가사 도우미와 운전기사를 두고 골프 같은 제법 호화로운 취미 생활까지 즐길 수 있다고 한다. 한국에서는 도저히 실현 불가능한 일이다.

이런 사람이 늘어날수록 한국 사회는 생산력과 활기를 잃을 수밖에 없다. 외화 유출은 물론이고 두뇌 유출까지 이뤄지고 있는 셈이니 그 부정적인 파장이야 이루 말할 수가 없다. 사실 우리나라의 두뇌 유출 수준은 이미 걷잡을 수 없는 상태다.

스위스 국제경영개발원(IMD)이 매년 발표하는 국가 경쟁력 지수 중 두뇌 유출 지수(Brain Drain Index)*를 보면 한국은 2006년 4.91로 조사 대상 58개국 중 38위를 기록했다. 1996년 6.94이던 두뇌 유출 지수가 10년 사이 2.03포인트나 떨어져 조사 대상국 중 뉴질랜드, 프

---

*0~10 중 두뇌 유출이 높을수록 0에 가까움.

랑스에 이어 세 번째로 악화되었다.

반면 세계은행이 발표하는 순 두뇌 유입은 2000년 -1.4%로 고급 인력의 국제 교류에서 적자를 보고 있다. 이 역시 1990년의 -1.3%보다 악화된 수치이다. 또 해외에서 들어온 외국인 대졸자 수에서 해외로 나간 한국인 대졸자 수를 뺀 대졸자 순 유출 인원은 60만 757명으로 멕시코에 이어 OECD 국가 중 두 번째로 높다.

그런데 문제는 여기서 그치지 않는다. '코리아 엑소더스'는 비단 개인적인 차원에서만 이뤄지고 있는 게 아니기 때문이다. 국민의 먹을거리를 챙겨야 할 기업들마저 외국으로 빠져나가고 있는 것이다. 중국이나 인도, 베트남, 카자흐스탄 등지로 터전을 옮기는 기업이 많다.

'코리아 엑소더스'에 나서는 기업들의 속내 역시 다양하다. 그중 가장 큰 것은 아무래도 고용 환경에 대한 부담감이다. 세계은행의 기업 환경 보고서인 〈두잉 비즈니스(Doing Business) 2006〉에 따르면, 우리나라의 전반적인 고용 환경 순위는 175개국 중 하위권인 110위이다. 이는 미국(1위)과 싱가포르(3위)뿐만 아니라 이웃 나라 일본(36위)과 중국(78위)에도 크게 못 미치는 수준이다. 심지어 케냐, 에티오피아, 르완다 등 일부 아프리카 국가들보다도 낮다.

전반적인 고용 환경이 얼마나 자유로운지를 나타내는 '고용 탄력성' 역시 76위에 그쳤다. 특히 기업들의 해고 비용 부담률은 주당 임금 대비 91%로 세계 24위였다. 이는 OECD 평균 31.3%의 약 세 배에 해당하는 높은 수준이다. 근로자들의 '노동 시간 탄력성'도 105위로 낮은 편이었다. 우리 기업들의 노동 시간 경직성 지수*는 100점 만점에 60점을 기록했다. 이는 야근이나 주말 근무 등을 통한 근무 시간 늘리기나 근로 시간 단축이 그리 쉽지 않다는 뜻이다.

기업들의 한국 탈출에는 높은 임금도 한몫을 하고 있다. 2006년 말 완공된 기아자동차 슬로바키아 공장에서는 월 400유로(약 48만 원)를 받는 근로자 3100명이 연간 30만 대의 자동차를 생산한다. 반면 한 달 평균 400만 원을 받는 기아자동차 광주 공장에서는 6000명이 연간 30만 대를 생산한다. 거의 열 배 가까운 임금을 받는 노동자가 두 배 정도로 투입되지만 연간 생산 대수는 같은 셈이다. 이같이 생산 효율성이 낮기 때문에 해외로 떠나는 기업이 느는 것이다.

정부의 규제 역시 기업들의 공장 이전을 부추긴다. 2006년 스위스 IMD의 보고서에 따르면, 한국의 경제 자유 지수는 세계 45위 수준에 그쳐 중국이나 러시아보다도 낮았다. 또 미국 케이토 연구소와 캐나다 프레이저 연구소가 주축인 경제 자유 네트워크는 〈2006년 세계 경제 자유〉 보고서에서 한국의 경제 자유 지수를 10점 만점에 7.1점으로 매겼다. 이는 전 세계 130개국 중 35위에 해당된다. 하지만 기업 환경과 직접적으로 연관된 '시장 규제' 부문에서는 76위에 머

---

* 높을수록 경직되어 있는 것.

물렀다. 규제만 개선해도 기업들의 해외 이전을 어느 정도 막을 수 있다는 얘기다. 물론 정부도 기회가 있을 때마다 "규제를 줄여 경기를 진작하겠다"고 말하지만, 기업들이 체감하기에는 여전히 부족한 수준인 모양이다.

해마다 반복되는 노사 분규도 '기업 하기 어렵다'는 원성을 낳곤 한다. 다소 기업 편향적인 조사일지도 모르지만, 대한상공회의소는 〈통계로 본 노사 관계 10년〉이라는 보고서를 통해 '노사 분규에 따른 수출 차질액이 2003년 10억 5300만 달러로 10년 전인 1995년의 5억 6400만 달러보다 두 배 정도 늘었다'고 주장했다. 또한 '노동 손실 일수도 선진국보다 세 배 이상 많은 90일을 넘겼다'고 보고했다. 2006년의 스위스 IMD 조사에서도 한국의 노사 관계 수준은 조사 대상국 중 최하위로 기록되어 있다.

인건비가 싸서 중국으로 생산 공장을 이전한 기업들이 중국에서도 노사 문제가 불거지기 시작하자 슬슬 떠날 채비를 한다는 소식이 들리는 걸 보면 이것이 기업 활동에 얼마나 큰 부담 요인으로 작용하는지를 알 수 있다.

그런데 설상가상으로 국내 기업의 해외 투자까지 늘어나는 추세다. 2006년 내국인의 해외 직접 투자 규모는 사상 최고치인 184억 6000만 달러에 달했다. 이는 2005년보다 104.4%나 급증한 것으로, 1990년 이후 16년 만에 최고치를 기록한 것이다. 특히 제조업의 해외 직접 투자는 76억 4000만 달러로, 1년 통계로는 사상 최대치에 달했다. 제조 업체들의 해외 탈출로 인한 국내 제조업의 공동화 우려가 점차 현실이 되고 있는 셈이다.

해외 직접 투자액의 55.8%는 아시아에 투자된 것으로 나타났다. 나라별로는 역시 중국에 대한 직접 투자가 45억 달러를 기록하여 가장 많은 비중을 차지했고, 이어 미국, 베트남, 홍콩, 체코, 캐나다 순으로 나타났다.

반면 우리나라에 대한 외국인의 직접 투자는 2005년 115억 6000만 달러에서 2006년 112억 3000만 달러로 2.9% 감소했다. 2005년에도 전년보다 9.6% 줄었으니 2년째 감소세를 이어 가고 있는 것이다. 그에 따라 국내 기업의 해외 직접 투자에서 외국인 직접 투자 금액을 뺀 순 유출액은 72억 3000만 달러를 기록했다.

한국이 투자 순 유출국이 된 것은 2006년에 처음 맞은 일로, 우리 기업이 해외에 투자한 돈보다 외국인이 한국에 투자한 돈이 더 적다는 의미이다. 또 국제연합무역개발협의회(UNCTAD)가 순 유입액 기준으로 추정한 2006년 전 세계 외국인 직접 투자액은 1조 2300억 달러였지만 이 가운데 한국에 순수하게 유입된 것은 5억 달러에 불과했다. 중국 700억 달러, 홍콩 410억 달러, 싱가포르 320억 달러와 비교하면 굉장히 미미한 수준이다.

자, 상황은 이렇다. 개인은 개인대로, 기업은 기업대로 대한민국이 아닌 다른 어딘가를 꿈꾸고 있는 이 기이한 현실을 어떻게 바라보아야 할까? 글로벌 시대를 단적으로 보여 주는 긍정적인 현상으로 받아들여야 할까? 그건 아닌 것 같다. 오히려 대한민국의 공동화를 걱정하는 목소리가 높다. 이런 상황이 계속되다 보면 자본과 핵심 인력, 그리고 산업 기반이 적절한 균형을 이루지 못해 국가적인 위기 상태를 맞을 수도 있다.

하지만 문제가 있다면 솔루션도 있는 법. '코리아 엑소더스'를 막으려면 이곳을 떠나는 사람들의 욕구를 충족시켜 주면 된다. 다시 말해 대한민국을 '살 만한 나라'로 만드는 것이다. 교육 정책을 교육을 소비하는 사람들 중심으로 바꾸고, 그 누구도 소외되거나 차별받지 않는 삶을 살 수 있도록 복지 정책의 질을 개선하면 된다.

또한 해외로 나간 기업들을 돌아오게 만들기 위해 '기업 하기 좋은 환경'을 조성하면 된다. 이에 관해서는 일본의 선례가 참조할 만하다. 2000년대 중반에 접어들면서 캐논과 소니 같은 대기업들이 중국과 동남아 공장의 문을 닫고 일본으로 귀향하는 사례가 늘었다. 정부가 규제 완화 등 친기업 정책을 펼친 덕분이다. 이후 일본의 제조업 설비 투자 증가율은 2002년의 -14%에서 차츰 높아져 2005년에는 16%까지 상승했다.

2007년 여름에도 인천공항은 어학 연수다 뭐다 해서 바깥으로 나가려는 사람들로 인산인해를 이뤘다. 2007년 상반기에 부모 동반

없이 '나 홀로 어학 연수'를 위해 출국한 초등학생 숫자는 전년 동기 대비 23.8% 상승했다. 너나없이 다른 어딘가를 꿈꾸는 사회는 분명 뭔가 잘못된 것이다. 아무리 그것이 자기 발전을 위한 장기적인 측면의 투자라 할지라도 현재 대한민국에서 벌어지는 엑소더스 현상은 위험천만하다. 뭐든 자꾸 빠져나가기만 하는 이 불균형을 조절할 묘안이 필요한 시점이다.

바다로 떠난 연어도 산란을 위해 고향으로 돌아가고 싶을 때 제방이 많거나 댐이 가로막으면 돌아갈 수가 없다. 하지만 쓸데없는 장벽을 허물어 좋은 환경을 조성한다면 상황은 달라진다. 코리아 엑소더스에 나선 개인과 기업 역시 연어처럼 돌아올 것이다.

샌드위치론(論) 뒤집기

NIC 보고서가 예측한 2020년의 세계, 그리고 우리의 미래

미국중앙정보국(CIA) 산하에 있으면서 국내외 정보 기관들의 싱크탱크 역할을 해 온 국가정보위원회(NIC)는 설립 후 5년에 한 번씩 20년 후를 예측한 보고서를 발표해 왔다. NIC가 유일하게 공개하는 이 글로벌 트렌드 보고서는 25개 민간 연구소가 참여해 만들어지는데, 정치와 경제, 군사 문제는 물론 인구와 자원, 환경, 과학 기술 등 분야별 전망과 미래 시나리오가 담겨 있다.

NIC가 약 1년 동안 세계 각지의 전문가 1000여 명의 연구와 자문을 토대로 작성하여 2005년에 내놓은 〈지구의 미래를 그린다〉라는 보고서에는 아주 흥미로운 가상 편지가 하나 실려 있다. 2020년 1월 12일 WEF 의장이 미국 FRB 의장에게 보내는 편지다. 이 편지는 15년 뒤의 세계 정세와 경제의 지각 변동을 실감 나게 보여 준다.

의장님께.

아시다시피 아시아 국가들의 보이콧은 지난한 설득을 통해 겨우 중단시킬 수 있었습니다. 올해부터 세계경제포럼은 스위스의 다보스와 아시아 지역에서 해마다 번갈아 가며 개최하기로 합의했습니다. 처음에 저는 아시아 국가들의 주장을 꺾을 수 있을 거라 생각했지만 쉽지 않더군요.

이런 일을 겪으며 저는 그간 세계화가 진행되어 온 방식에 대해 다시 한 번 상기해 봤습니다. 2000년대 초반만 해도 우리는 세계화를 '미국의 세계화'와 동일시했습니다. 미국이 세계화의 모델이었지요. 그러나 이제 세계화는 아시아적인 것이 되었습니다. 솔직히 말해 미국이 더는 과거와 같은 세계화의 동력이 되지 못하리라고 봐야 합니다. 시장은 동방을 향해 가고 있죠.

10년 혹은 15년 전만 해도 우리는 아시아가 이 정도까지 바짝 쫓아오리라곤 예상하지 못했습니다. 이제 중국과 인도는 세계화로 확보한 동력을 바탕으로 미국과의 무역에 의존하지 않고도 경제가 굴러갈 수 있을 만큼 성장했습니다. 수년 전 중국이 금융 문제에 봉착했을 때를 생각하면 감회가 새롭습니다. 그때는 정말 숱한 불면의 밤을 보내야 하지 않았습니까. 미국의 도움을 받긴 했지만, 중국이 국제 사회의 대규모 지원 없이 스스로 위기에서 벗어났다는 점은 참으로 주목할 만합니다. 우리는 중국이 자신의 경제를 뒷받침하기에 충분한 국내 시장을 창출했다는 점을 간과한 셈입니다.

유럽은 떠오르는 아시아가 미국에 대한 세력 균형자 역할을 하고 있음을 실감할 겁니다. 더욱이 아시아의 성장은 유럽이 슬럼프에서 벗어나는 데 도움이 되었습니다. EU는 자신들과 중국이 많은 것을 공유하고 있다고 생각합니다. 상하이 협력 기구에 대한 적극적인 관심과 존중이 그 한 예가 될 수 있겠죠.

그건 그렇고, 당신의 손녀딸이 중국어를 배우기 위해 중국에서 또 한 학기를 보내기로 했다고 들었습니다. 사실은 제 손자 녀석도 중국에 가 있죠. 중국에서 열리는 이번 다보스 포럼에서 아이들을 함께 만날 수 있을지도 모르겠군요.

— 〈신동아〉 2006년 3월호에서 부분 발췌

NIC 보고서의 상당 부분은 중국을 비롯한 아시아의 부상에 대한 이야기로 채워져 있다. 향후 10년 내외로 중국 경제가 급부상하면서 세계의 축이 미국과 유럽 중심에서 아시아 중심으로 옮겨 갈 것이란 예상이다. 특히 중국은 2020년이면 국내 총생산이 영국과 독일, 일본 등을 추월해 미국에 이은 세계 2위의 경제 대국으로 성장할 것으로 전망되었다. 그리고 2045년에는 미국마저 추월할 것으로 보고서는 내다보았다.

이러한 기류는 지금도 도처에서 감지된다. 글로벌 경영이 가속화되면서 중국이나 인도, 브라질 등 신흥 국가로 사업장을 이전하는 기업이 늘고 있다. 각 기업은 점진적으로 아시아적인 경영 방식을 따라가고 있으며, 세계화 또한 점점 더 비서구화(non-western)되는 양상을 띤다.

이 보고서에는 비관적인 전망도 담겨 있다. 2020년의 세계 경제는 2000년에 비해 80%의 성장을 이루며 평균 소득이 50% 정도 증가하겠지만, 이런 세계화의 혜택이 모든 국가에 똑같이 돌아가지는 않으리라는 분석이 그것이다. 현재 일류라고 불리는 국가들이 점차 중국이나 인도에 추월당하다 결국 쇠락의 길을 걷게 될 것이라는 얘기다.

한국을 비롯한 여타 아시아 국가도 지속적인 성장을 하지 못하면 선진국과 중국, 인도의 틈바구니에서 샌드위치가 되어 시장 경쟁력을 잃는 위기 상황을 맞을지도 모른다고 내다보고 있다. 삼성그룹 이건희 회장의 '샌드위치론' 역시 이러한 글로벌 경제 시장 변화에 대한 위기감의 표현일 것이다. 실제로 한국경제연구원(KERI)은 〈한·중·일 기업 경쟁력 비교〉라는 보고서를 통해 '우리나라 기업들이 해외 수출 시장에서 중국 및 일본 기업에 비해 규모의 열세, 노동 생산성의 저조, 기술 혁신의 부족 현상이 나타나고 있다'고 밝혔다.

어쨌든 지금까지 우리나라에 값싼 노동력을 제공해 왔던 중국과 인도가 앞으로도 계속해서 우리에게 '기회의 시장'이 되어 줄지는 미지수다. 특히 중국은 이미 기술 경쟁력 측면에서 한국을 위협하는 수준으로 접근해 오고 있다. 이동 통신 장비는 기술 격차가 1년으로 좁혀졌고, 디스플레이 분야 역시 3.5년으로 단축되었다. 지금과 같은 속도라면 조만간 한국이 우위를 점하고 있는 반도체를 비롯한 첨단 기기 분야에서도 고유의 기술력을 내세울 수 없는 지경에 이를지도 모른다.

문제는 중국과 인도의 성장이라는 피할 수 없는 현실 앞에서 어떤 길을 찾아내는가 하는 것이다. 세계화의 새로운 흐름을 읽어 내려 하지 않고 위기에 대처하지도 않는다면 한국 경제는 말 그대로 샌드위치 신세가 될지도 모른다.

이런 때일수록 역발상의 사고가 필요하다. 급성장하는 아시아 국가들 사이에서 결국 샌드위치가 되고 말 것이라는 부정적인 생각에 매몰되기보다는, 이 성장의 바람을 타고 세계의 아시아화에 중요한 역할을 담당하는 외교·국방·경제의 허브가 되는 쪽으로 인식을 바꾸고 실질적인 전술을 모색해야 한다. 그렇게 되면 중국과 인도, 일본 역시 우리의 적이 아니라 안성맞춤의 파트너로 변모할 것이다.

고용 있는 성장의 길은 어디에?

경제가 성장하는데도 실업자는 늘고 있다

일반적으로 경제가 성장하면 일자리가 늘어난다. 일자리가 늘어난다는 것은 개인이 돈을 벌 기회가 그만큼 많아진다는 뜻이다. 개인이 돈을 많이 벌면 당연히 씀씀이도 커진다. 개인이 소비한 돈은 기업 입장에서는 고스란히 수입이 된다. 따라서 개개인의 씀씀이가 늘어날수록 기업 입장에서는 더 많은 돈을 벌 수 있다. 이렇게 되면 기업은 벌어들인 돈으로 공장을 짓거나 고용을 늘려 더 다양한 제품을 더 많이 만들어 낸다. 외형을 키워 수익을 높이기 위해서다.

이는 경제가 성장하면서 소비를 진작시켜 고용과 투자의 증가를 이끌어 내는 전형적인 선순환 구조다. 하지만 최근 들어 우리나라에서는 이런 구조가 깨지고 있다. 경제는 꾸준히 성장하는데 일자리는 늘지 않는, 이른바 '고용 없는 성장(jobless growth)'이 나타나고 있는 것이다.

한국은 2000년대 들어 최소한 3%대 이상의 경제 성장률을 기록했다.* 2003년에는 3%대 초반까지 떨어지기도 했지만 2006년을 기준으로 직전 2개년은 4%대 이상의 경제 성장률을 유지했다. 하지만 경제 성장률이 높아질수록 늘어나야 할 취업자 수는 오히려 줄고 있다. 한국은행에 따르면 경제 성장률이 1%포인트 높아질 때 늘어난 취업자는 2003년 12만 2000명에 그쳤다. 1995년 13만 5000명, 2000년 12만 3000명보다 줄어든 수치다. '고성장＝일자리 증가' 라는 등식이 깨지고 있다는 얘기다.

실업률 또한 제자리걸음을 하며 좀처럼 개선되지 않고 있다. 통계청에 따르면 우리나라의 실업률은 2006년 3.5%를 기록, 2005년의 3.7%보다 떨어지기는 했지만 여전히 3%대 중반이다.** 여기에다 경기 침체의 장기화로 일자리 찾기를 아예 포기한 '구직 활동 단념자' 까지 포함할 경우 실업률은 8%를 넘을 것이라는 추산도 나온다. 정부가 발표하는 실업률 통계에는 취업 의사는 있지만 취업이 어려워 포기한 사람은 누락되고, 1주일에 한두 시간 일하는 사람까지 취업한 것으로 간주하는 등 허점이 많은 게 사실이다.

'이태백(이십 대 태반이 백수)' 이라는 신조어를 뒷받침하듯 청년

---

* 2001년 3.8%, 2002년 7.0%, 2003년 3.1%, 2004년 4.7%, 2005년 4.0%.
** 2002년 3.1%, 2003년 3.4%, 2004년 3.5%.

실업률 또한 해마다 높아지고 있다. 통계청에 따르면, 2006년 청년층의 공식 실업률은 전체 실업률의 두 배가 넘는 7.9% 정도다. 이 실업률은 청년층 경제 활동 인구 중 실업자만 감안한 수치이다. 하지만 현대경제연구원(HRI)은 경제 활동 인구에 포함되지 않는 취업 준비생을 고려하면 청년층의 체감 실업률은 15.4%까지 높아진다고 밝혔다. 여기에다 고용 통계 조사에서 '그냥 쉬었다' 고 답해 사실상 구직 단념자로 분류될 수 있는 청년층까지 포함하면 넓은 의미의 청년층 체감 실업률은 19.5%까지 올라간다고 분석했다. 청년 10명 중 2명이 일을 하고 싶어도 일자리가 없어 놀고 있다는 심각한 통계다.

정부가 발표한 실업률(2006년 3.5%) 자체만 놓고 보면 우리나라는 OECD 평균 6.7%보다 낮다. 하지만 경제 활동 인구뿐만 아니라 실업률에 포함되지 않는 비경제 활동 인구까지 포함해 만 15세 이상 인구 중 취업자가 차지하는 비율을 나타내는 '고용률' 로 따지면 OECD 평균 65.5%보다 낮은 63.7%이다. 이는 미국(75.8%), 일본(72.3%), 영국(76.6%) 등 선진국에 비해 턱없이 낮은 것이다.

그렇다면 경제가 성장하고 있는데도 실업률이 줄지 않는 '고용 없는 성장' 은 왜 나타나는 것일까. 우리나라의 경우, 무엇보다 수출 위주의 성장이 고용 없는 성장을 낳는다는 지적이다. 수출에 따른 고용 창출 효과가 갈수록 낮아지고 있다는 것이다. 수출이 증가해 경제가 성장해도 예전처럼 수출로 인해 생기는 일자리가 많지 않기 때문에 아랫목의 온기가 윗목까지 전달되지 않는다.

2006년 방한한 미래학자 앨빈 토플러는 한국 경제에 대해 "대외 의존도가 너무 높다"고 경고한 바 있다. 우리나라의 무역 의존도는 2002년 57.5%에서 2004년 70.3%까지 높아졌다가 2005년에는 69.3%를 기록해 OECD 회원국 중 9위를 차지했다. 미국의 무역 의존도는 20%, 일본은 22%에 불과하다.

수출에 대한 의존도가 지나치게 높은 상황에서 수출에 따른 고용 창출 효과가 감소한다는 것은 수출이 늘어나도 일자리 창출은 이뤄지지 않는다는 뜻이다. 한국은행이 발표한 〈2003년 기준 산업 연관표〉에 따르면, 수출이 10억 원 증가할 때 늘어나는 취업자는 2000년 16.6명에서 2003년에는 12.7명으로 급감했다. 외환 위기 이전인 1997년의 26.2명과 비교하면 절반 이상 줄어든 것이다.

소재나 부품의 수입 의존도가 높아 수출로 인해 발생하는 부가가치가 외국으로 다시 빠져나간다는 점도 국내 기업의 자본 축적을 어렵게 한다. 우리나라 수출의 부가 가치 유발 계수는 2000년 0.633에서 2003년 0.647로 높아지기는 했지만 1995년의 0.698에는 미치지 못하고 있다. 이는 1000원어치 상품을 수출했을 때 국내에서 창출되는 부가 가치가 647원이고 나머지는 해외로 빠져나간다는 뜻이다. 일본의 수출 부가 가치 유발 계수는 0.892(2000년 기준)에 달한다. 해외로 부가 가치가 많이 빠져나갈수록 국내 기업들의 자금 여력이 약화되어 고용을 늘릴 여유도 그만큼 감소하게 된다.

산업 구조의 변화 역시 고용 없는 성장의 원인으로 지목되고 있다. 고용 효과가 높은 노동 집약적 산업이 줄고 자본 및 기술 집약적 산업이 늘어나는 산업 구조 고도화는 불가피하게 일자리 감소를 불러온다. 고용 없는 성장 문제가 한국에서만 일어나는 일이 아니라 전 세계적으로 골칫거리가 되고 있는 이유이기도 하다.

우리나라의 경우에도 노동 집약적인 건설업이나 음식·숙박업 등의 성장은 부진한 반면, 고용 유발 효과가 크지 않은 전기·전자 등 IT 업종은 급성장하며 성장 엔진의 핵심 축이 되고 있다. 전기·전자 업종은 핵심 부품이나 장비의 해외 의존도가 31.8%(2003년)나 된다. 이 분야의 수입 의존도가 30%를 넘어서자 취업 유발 계수도 1995년 25.1명에서 2003년 8.6명으로 급락했다. 이는 전체 산업 평균 취업 유발 계수 16.9명(2003년)의 절반밖에 안 되는 수준이다. 정보 통신 산업이 아무리 성장해도 실질적인 고용 창출 효과는 미미한 것이다.

산업 구조가 고도화되면서 소비나 투자가 유발하는 취업 효과도 지속적으로 줄고 있다. 소비가 10억 원 증가할 때 늘어나는 취업자는 1995년 30.4명에서 2000년 21.9명으로 급감한 데 이어 2003년에는 20.2명으로 떨어졌다. 투자에 따른 취업자 역시 1995년 19.4명에서 2000년 15.8명으로 크게 줄었고 2003년에는 15.1명에 그쳤다. 제조 업 부문의 취업 유발 계수 역시 1995년 22.1명에서 2003년 12.1명으로 절반 수준까지 떨어졌다. 자동화나 기술 혁신 등을 통한 산업 구조 고도화는 '발전' 측면에는 긍정적이지만, '고용' 측면에는 암운을 드리우고 있는 것이다.

고임금이나 정부 규제 등으로 인한 국내 기업의 해외 이전 역시 고용 없는 성장에 영향을 끼치고 있다. 국내 기업들이 생산 기지를 해외로 옮기면 옮길수록, 이를 상쇄할 만한 일자리가 같은 속도로 국내에서 만들어지지 않는 한 당연히 일자리는 줄어들 수밖에 없다. 기업의 글로벌 경영이 각 개별 기업의 경쟁력을 높이는 방법은 될 수 있어도 국내 일자리 창출에는 악영향을 미치고 있다는 얘기다. 특히 제조업 중심의 해외 이전은 관련 부품 소재 산업의 연쇄 이전으로 이어져 괜찮은 일자리가 점점 더 줄어드는 결과를 낳는다.

노동 시장의 변화 역시 일자리 창출에는 부정적으로 작용한다. 노동 시장의 경직과 임금 상승이 일자리 감소라는 우울한 결과를 낳는 것이다. 비용을 절감하고 효율성을 높인다는 명목으로 기업들은 정규직을 최소화하는 대신 임시직이나 계약직을 늘리고 있다. 특히 대기업들은 강성 노조 문제로 가능하면 정규직 비중을 늘리지 않으려는 경향을 보인다.

여기에 상대적으로 인건비가 싼 외국인 이주 노동자들의 비중이 커진 점도 구직난 심화로 이어지고 있다. 특히 좋은 일자리가 늘어나는, 이른바 '고용의 질' 까지 고려하면 우리나라의 일자리 문제는 상당히 심각한 수준임을 절감하게 된다.

우리나라가 고용 없는 성장에 대처하기 위해서는 IT 산업의 비중이 높은 산업 구조를 고용 창출 효과가 높은 지식 기반 서비스 산업으로 재편할 필요가 있다. 또 제조업을 비롯한 국내 기업의 해외 이전을 막기 위한 제도적 뒷받침도 필요하다. 노사 간에 상생의 협력 체제를 구축하는 것도 고용 시장의 악화를 막는 한 방법이 될 수 있다. 성장이 곧바로 고용 문제의 해결책이 된다는 생각은 이미 구시대의 유물이 되었다. 진단이 정확해야 처방도 정확한 법이다.

오늘도 대한민국은 늙어 간다

고령화도 성장 동력으로 활용해야 하는 시대

영국의 인구학자 폴 월리스는 저서 《에이지퀘이크(Age-quake)》*
에서 고령화 사회가 세계 경제에 미칠 충격을 지진에 비유했다. 땅
표면이 갈라지고 흔들리는 것이 지진(earthquake)이라면, 인구 고령
화는 사회 근간을 뒤흔드는 또 하나의 지진, 즉 에이지퀘이크가 될
수 있다는 것이다.

그는 '베이비붐 세대가 은퇴하는 2020년쯤 세계 경제는 에이지
퀘이크로 뿌리째 흔들릴 것이고 그 강도는 리히터 규모 9.0에 달하는
강진일 것'이라고 경고했다. 2004년 인도네시아 인근 해역에서 발생
한 규모 9.0의 강진 때문에 쓰나미가 일어나 동남아 일대를 휩쓸어

---

* 번역서의 제목은 '증가하는 고령 인구 다시 그리는 경제 지도'이다.

가고, 이로 인해 16만 명 이상이 목숨을 잃거나 실종되었다. 양상은 다르지만 에이지퀘이크가 가져다줄 무서운 파급 효과도 이에 못지않으리라 짐작된다.

인구 고령화는 저출산과 함께 대한민국을 심각하게 위협하는 문제이다. 앞서 밝힌 것처럼 우리나라는 이미 2000년에 고령 인구가 7%를 넘어 고령화 사회에 들어선 상태여서 2018년이면 고령 사회로, 2026년에는 초고령 사회에 진입할 것으로 예상되고 있다.

그런데 고령화 사회에서 고령 사회로 들어서는 데 걸린 기간이 18년에 불과하기 때문에 그 심각성이 더 크다. 예컨대 프랑스는 고령화 사회에서 고령 사회가 되는 데 무려 115년, 미국은 73년이나 걸렸다. 이탈리아(61년), 독일(40년), 일본(24년)에 비해서도 우리나라의 인구 고령화는 매우 급속도로 진행되고 있다. 고령 사회에서 초고령 사회에 이르는 기간 역시 8년에 불과해 일본(12년)이나 미국(21년)에 비해 매우 짧다.

이런 속도로 인구 고령화가 진행된다면 2050년쯤이면 다음과 같은 웃지 못할 장면이 연출될지도 모른다.

2050년 어느 날, 미처 염색을 하지 못해 머리가 희끗희끗한 김태수(57세) 씨는 취미로 즐기는 스포츠 댄스를 마치고 집으로 돌아가기 위해 지하철을 탔다. 만원인 지하철에는 경로석을 제외하고는 자리가 없었다. 몇 시간을 서서 스포츠 댄스를 한 탓에 다리에 근육통을 느낀 김씨는 눈치를 보며 경로석에 앉아 몸을 기댔다. 하지만 잠시 뒤 지하철 문이 열리자 80세가 넘어 보이는 노인이 지하철에 올라탔다. 경로석 앞으로 다가온 그 노인은 김씨에게 "어이, 아직 젊은 사람이 경로석에 앉아 있으면 쓰나. 자리 좀 양보하지" 하며 핀잔을 줬다. 주위의 따가운 시선을 느낀 김씨는 '내가 참아야지' 하며 어쩔 수 없이 일어나 다른 칸으로 자리를 옮겼다.

요즘에야 57세면 경로석에 앉아도 그리 어색하지 않지만 2050년에는 위와 같은 다소 우스꽝스러운 상황이 벌어질 수도 있다. 그때가 되면 전체 인구의 중간치 나이를 뜻하는 '중위 연령'이 56.7세에 이를 것으로 전망되기 때문이다. 2005년 한국인의 중위 연령은 34.8세였다. 이는 일본(42.9세), 이탈리아(42.3세), 미국(36.1세)보다 낮은 수준이다. 그렇지만 2050년에는 선진국 평균(45.5세)을 훨씬 넘어서 56.7세까지 치솟을 것으로 예상되고 있다. 2005년의 57세에게는 '연세 들었다'라는 표현이 어울리지만, 2050년에는 '젊은이'라고 불러야 할지도 모른다는 얘기다.

인구 고령화는 기본적으로 인구 구조의 불균형을 의미한다. 전통적 의미의 인구 고령화는 전체 인구 중 65세 이상 노인 인구 비율이 높아지는 것을 뜻한다. 여기에 노동력의 고령화로 생산 가능 인구 중 고령자의 비율이 증가하는 현상과 노인 인구 중 고령자의 비율이 증가하는 현상까지도 인구 고령화에 포함한다.

우리나라의 노인 인구는 2005년 9.1%에서 2050년에는 선진국 평균 25.9%보다 높은 38.2%로 늘어나 세계에서 '가장 늙은 나라'가 될지 모른다는 우려를 낳고 있다. 노인 인구의 절대 규모 역시 2005년 436만 7000명에서 2050년에는 1615만 6000명에 이르고, 80세 이상 인구도 2005년의 9.1배인 613만 명으로 증가할 것으로 예측된다.

인구 고령화의 원인은 세계 최저 수준의 낮은 출산율과 의학 발달 및 소득 증가에 따른 평균 수명 연장이다. 통계청 예측에 따르면 우리나라의 합계 출산율은 1983년 2.08로 내려간 이후 계속 떨어지는 반면, 기대 수명은 2005년 78.6세에서 2050년 86세로 늘어날 전망이다. 2050년 여성의 기대 수명은 88.9세로 거의 90세에 육박할 것으로 예상된다.

낮은 출산율로 인해 젊은 층은 줄어드는 대신 수명 연장 덕택에 오래 사는 노인이 많아지면서 통계상 필연적으로 인구 고령화가 일어날 수밖에 없다. 이로 인해 14세 이하 어린이 100명당 노인 인구를 나타내는 고령화 지수는 2005년 47명에서 2050년에는 429명으로 증가할 전망이다.

문제는 인구 고령화가 단순히 전체 인구의 평균 연령을 높이는 데 그치는 게 아니라 한국 사회를 뒤흔들 에이지퀘이크가 될 가능성이 크다는 점이다. 인구 고령화의 부작용으로 인해 대내적으로는 경제 전반의 활기가 떨어지고 대외적으로는 국가 경쟁력이 약화될 가능성이 제기되고 있다. 또 젊은 층이 부담해야 할 각종 비용이 늘어나면서 세대 간 갈등 양상이 빚어져 '세대 간 통합'을 위협할 것이라는 우려도 나온다.

통계청이 2006년 발표한 〈장래 인구 추계 결과〉에 따르면, 우리나라의 생산 가능 인구(15~64세)는 2005년 71.7% 수준에서 2050년에는 53% 수준으로 낮아질 전망이다. 이는 인구의 절반(생산 가능 인구)이 나라 경제 전체를 떠맡게 된다는 의미다. 반면 생산 가능 인구 대비 고령 인구의 비율인 '노년 부양비'는 2005년 12.6%에서 2050년에는 72%까지 치솟게 된다.

생산 가능 인구가 줄어드는 것은 부양해야 할 부담이 늘어나는 것과는 별개로 잠재 성장률을 떨어뜨리는 부작용도 낳는다. 잠재 성장률은 한 나라의 자본과 노동력, 기술 등 생산 요소를 적절히 투입했을 때 달성할 수 있는 이상적인 경제 성장률을 말한다. IMF의 분석에 따르면, 1인당 실질 GDP는 생산 가능 인구가 1% 늘어날 때 0.08% 상승하고 반대로 1% 줄어들면 0.08% 하락한다. 생산 인구 감소가 경제 성장률 저하로 이어질 가능성이 큰 것이다.

이와 관련하여 KDI는 2007년 초에 발표한 〈고령화 파급 효과 및 정책 과제〉라는 보고서를 통해 '현재의 출산율과 노동 생산성 증가율이 유지된다고 가정할 때 한국의 잠재 성장률은 2020년대에는 2%대로 떨어지고, 2030년대에는 1%대까지 떨어질 수 있다'는 비관적인 전망을 내놓았다.

기업 입장에서도 노인 인구 증가가 반가울 리 없다. 평균적으로 볼 때 노인이 젊은이보다는 아무래도 창의력이나 생산성이 떨어질 수밖에 없고, 이는 기업의 경쟁력 약화로 이어질 수 있기 때문이다. 또 생산 가능 인구가 줄어든다는 것은 기업들이 쓸 만한 노동력을 구하기가 점점 힘들어진다는 뜻이고, 그 결과 인력난으로 인해 국내에서의 생산을 포기할 가능성도 있다. 개별 기업의 경쟁력이 떨어지면 당연히 국가 경쟁력도 떨어져 나라 경제가 활력을 잃게 되고, 이것이 고용 창출 부진이라는 악순환으로 이어질 수 있다.

국민 연금과 건강 보험 등 사회 보험의 비용이 증가하는 것도 골 칫거리다. 노인 인구가 늘어나면 늘어날수록 젊은 층이 부담해야 하는 공적 연금이 커질 수밖에 없기 때문이다. 국민 연금은 소득이 있을 때 미리 일정액을 보험료로 납부한 뒤 나이가 들거나 질병이 생겼을 때 일정액을 지급받아 최소한의 생활을 유지할 수 있게 하는 소득 보장 제도의 일종이다. 하지만 노인 인구 비중이 커질수록 돈을 내는 젊은 층은 줄고 연금을 받는 노인은 늘어나게 된다. 즉 인구 고령화로 인해 수입보다 지출이 많아져 연금 재정이 위태로워지는 것이다.

IMF는 〈한국 경제의 주요 이슈〉라는 보고서에서 현재와 같은 국민 연금 수급 체계가 지속될 경우 현재 노동 시장에 진입하는 근로자가 은퇴할 무렵인 2043년에는 국민 연금의 재원이 고갈될 것으로 전망했다. 국민 연금 보험료를 지금의 두 배가량으로 올려도 현재의 연금 체계는 2080년까지만 유지할 수 있을 것이라는 지적이다. 많은 사람이 우려하고 있듯이 돈을 내고도 노후에 연금을 받지 못하는 상황이 벌어질 가능성이 있다는 뜻이다.

건강 보험 재정 역시 문제다. 나이가 들수록 병원을 자주 찾게 되므로 노인 인구 비중이 늘면 건강 보험에서 지출해야 하는 치료비 부담도 증가하게 마련이다. 노인 인구 1인당 진료비가 비노인 인구 진료비의 서너 배에 달한다는 것이 일반적인 분석이다. 실제로 2005년 현재 건강 보험 가입자 중 노인 인구는 8.3%에 불과하지만 전체 진료비 중 노인 진료비는 24.4%에 달한다.

KDI는 2005년의 건강 보험 지출액은 연간 20조 원 수준이지만 2020년에는 56조 원, 2030년에는 106조 원으로 급증할 것으로 내다보고 있다. 따라서 2020년까지 보험료를 현행보다 세 배 이상 올리지 않으면 건강 보험 재정이 파탄날 수 있다고 지적한다.

인구 고령화는 우리나라가 어쩔 수 없이 맞닥뜨려야 할 현실이다. 문제는 그것을 해결할 방법이다. 우선 세계 최저 수준까지 떨어진 출산율을 높여 생산 가능 인구의 급격한 감소를 막는 것이 중요하다. 그리고 늘어나는 노인 인력이 생산 가능 인구의 역할을 맡을 수 있도록 제도적 장치를 마련해야 한다. 출산율을 높여 생산 인구를 늘리는 방법은 장기적인 대책을 필요로 하지만, 생산 현장에서 노인 인력을 흡수하는 일은 정년 연장 등을 통해 단기적으로도 가능하기 때문이다. 일부 기업에서 정년을 늘리거나 임금 피크제 등을 도입하고 있지만 아직까지는 미온적이다. 하지만 '노인 인구의 증가는 필연'이라는 상황 인식을 토대로 기업도 적극적으로 노인 인력 활용 방안을 찾아 나서야 한다.

앨빈 토플러가 말했듯이, 1920년대에는 대부분의 직업이 육체노동을 요했기 때문에 정년이 55세로 모든 분야에 단일하게 적용되었고, 평균적으로 퇴직 연령에 도달한 뒤 10년 이상은 살지 못했다. 반면 지금은 시대가 변했고 직업의 양상도 달라졌으며, 평균 수명도 늘어난 만큼 기존의 정년을 고집할 이유가 없다. 미국의 사회 경제학자 피터 드러커도 선진국들은 정년 제도를 79세까지 연장해야 한다고 주장했다.

인구 고령화가 피할 수 없는 현실이라면 이러한 현실 위에서 최대한의 생존 전략을 짜야 한다. 일반적으로 노인이 생산성 면에서 젊은이보다 부족하겠지만, 그들이 가진 지식이나 노하우는 단순히 생산성 기준으로만 따질 수 없는 가치를 지닌다. 고령화마저도 성장 동력으로 활용하는 지혜를 발휘할 때다.

통일 비용 vs. 분단 비용

통일의 그날은 도적같이 들이닥칠지도……

대한민국의 미래를 이야기할 때 빼놓을 수 없는 것이 바로 통일 문제다. 많은 사람이 향후 10년 이내에 일어날 수 있는 일로 남북 통일을 꼽는다. 어느 날 눈을 뜨면 갑자기 통일이 이뤄져 있을 것이라고 말하는 사람들도 있다. 하지만 막상 통일이 언제 어떤 모습으로 다가올지에 대해서는 누구 하나 뚜렷한 답을 내놓지 못한다.

그것은 복잡한 국제 정치의 역학 관계와 불안한 북한 내부의 정치 상황 탓도 크지만, 통일을 내다보는 작업이 워낙에 '현실성 있는 공상 소설을 쓰는 일'만큼이나 쉽지 않기 때문이다. 또 통일 방식을 구체적으로 언급하다가는 자칫 소모적인 이념 논쟁에 휩싸일 수도 있는 등 한반도의 상황 자체가 생각의 족쇄로 작용하기도 한다.

외국의 유명 미래학자나 연구소가 한반도 통일에 대한 전망을 발표하면 한국 언론들은 이를 대서특필한다. 반면 우리는 상대적으로 통일에 대한 언급에서 스스로를 소외시켜 왔다. 통일이 어떤 모습으로 다가올지 불투명한 까닭도 있지만, 현실적으로 부담해야 할 막대한 통일 비용이 통일에 대한 논의를 소극적으로 끌고 가는 것이다. 남북한 교류가 있을 때마다 단골로 등장하는 노래가 '우리의 소원은 통일'이지만 막상 통일에 따른 비용을 누가 얼마나 부담할 것인가 하는 구체적인 논의에 들어가면 한발 뒤로 빼는 경우가 많다. 현실과 이상의 괴리가 통일 문제에도 나타나는 셈이다.

더 나아가서는 "가급적 서두르지 말고 천천히 하자"라거나 심지어 "굳이 통일을 해야 할 이유가 있을까" 하는 회의론도 고개를 든다. 하지만 한 세대 뒤의 한반도 미래를 그리는 데 통일 문제를 빼고 논의하는 것은 모래 위에 성을 짓는 것과 비슷하다. 통일 비용을 이유로 미리 대비하지 않을 경우 민족 화합의 장이 되어야 할 통일이 한반도를 뒤흔들 '리유니온쇼크(Reunion-shock; 재결합 충격)'로 다가올 수 있기 때문이다. 통일이 오히려 한반도의 미래를 어둡게 할 수도 있다는 뜻이다.

앨빈 토플러는 《부의 미래》에 '동독과 서독의 통일에 대해서는 수많은 연구 문헌이 존재하고 그들의 통일을 한반도 정세와 비교하는 내용도 많다. 하지만 대부분의 연구는 한반도 내외에서 벌어지는 변화의 가속도와 탈동시화의 효과가 아닌 통상적인 경제 형태에 초점을 맞추고 있다'고 적었다. 즉 통일 비용에 대한 대부분의 분석은 경제적인 측면에 무게 중심이 쏠려 있다는 지적이다.

하지만 통일 비용에는 경제적·사회적 비용이 모두 포함된다. 경제적 비용이 북한의 경제를 남한의 일정 수준까지 끌어올리는 데 드는 것이라면, 사회적 비용은 분단 60년에 따른 언어, 습관, 사상 등의 차이로 인한 갈등을 해소하기 위한 것이다. 과거 독일 통일시 서독 정부는 통일 비용에 대한 개념을 '통일되기 몇 달 전 동독 정부와 맺은 경제·통화·사회 동맹 조약이 발효된 후(1990년 7월) 10년 내에 동독 지역이 서독 지역의 경제력 및 소득 수준의 일정 비율 [서독 연방 산하 여러 주(州) 중 중하위권 순위]에 도달하기 위해 필요한 제 경비'라고 인식했다. 독일 역시 경제적 비용에 통일 비용의 초점을 맞춘 것이다.

한반도 통일 비용에 대한 여러 연구 결과는 통일 비용에 대한 정의와 추정 방법, 발표 연도, 통일 시점 등에 따라 1000억 달러에서 3조 달러까지 심한 편차를 보인다. 이런 결과를 놓고 보면 사실 통일 비용의 절대 규모를 따지는 것 자체가 무의미할 수도 있다. 하지만 추정치의 범위가 넓다고 해서 통일 비용을 따지지 않거나 논의를 미루다가는 더 엄청난 통일 비용을 한순간에 감당해야 할지도 모른다.

독일 역시 1991년부터 2003년까지 1조 3000억 유로(동독에 대한 서독의 총 이전 지출)라는 막대한 자금이 동독으로 흘러들어 갔다. 이로 인해 저성장·고실업이라는 '독일병'을 앓게 되었고, 당연히 독일 경제가 어려워진 원인으로 통일 비용이 지목되었다. 그나마 독일은 통일 당시 서독과 동독의 1인당 GDP 차이가 2.6배(1998년 통일 직전)에 불과했지만, 남한과 북한은 무려 15.5배(2004년 기준)여서 경제적 통합에 따른 진통이 더욱 심할 것이라는 우려를 낳고 있다.

주요 기관이 내놓은 한반도 통일 비용 추계를 봐도 더는 이에 대한 대비를 미루어선 안 되겠다는 긴박감이 든다. 미국의 민간 연구소로 국방·행정 분야의 싱크탱크라 불리는 랜드 연구소는 2005년 발표한 한반도 통일 비용을 세 가지 시나리오(개혁 개방, 흡수 통일, 무력 사용)에 따라 500억~6700억 달러(2003년 기준)로 추산했다. 이는 통일 후 4년 동안 북한의 GDP를 이전보다 두 배 높이는 데 드는 비용이다.

세계적인 신용 평가 기관인 스탠더드 푸어스는 통일 비용을 1400조~2100조 원(2005년 발표)으로 추산했다. 또 HSBC은행은 통일 초기 매년 남한 GDP의 4.4%(약 236억 달러, 2003년 발표), 무디스는 통일 후 5년간 해마다 최대 1000억 달러가 소요될 것으로 예상했다. 골드만삭스는 가까운 장래에 통일이 될 경우 7700억~1조 2000억 달러가, 10년 이후에 통일될 경우에는 3조 4000억~3조 6000억 달러가 될 것으로 내다봤다.

이처럼 각 기관마다 통일 방법이나 시기에 따라 다양한 통일 비용을 제시하고 있지만, 한 가지 분명한 사실은 그 비용이 남한 경제에 무시할 수 없을 정도로 큰 부담이 될 것이라는 점이다.

그러나 분단 비용 또한 통일 비용에 버금간다. 분단 비용이란 남북이 분단된 상태로 남아 있기 때문에 발생하는 비용과 통일된 국가였다면 얻을 수 있는 기회 비용을 합친 개념이다. 이 때문에 일부에서는 통일 비용을 '통일 한국'이라는 거시적 입장에서 보자고 한다. 즉 통일 비용을 '부담'이 아니라 자원의 '이전' 또는 '투자' 개념으로 보자는 것이다. 당장은 통일 비용이 부담스럽겠지만 통일을 당연히 다가올 수순이라는 큰 틀에서 보면 '미래를 위한 선제적 또는 동반 성장을 위한 투자'가 되는 셈이다.

우리나라는 2006년 한 해 동안에만 GDP 대비 2.62%에 달하는 22조 원을 국방비에 쏟아 부었다. 이는 우리나라 전체 예산의 약 16%에 해당하는 막대한 규모다. 물론 통일이 된다고 해도 국방비 전체를 다른 예산으로 돌릴 수야 없겠지만 상당 부분 줄일 수는 있다.

사실 지금 당장 우리나라의 통일 시점을 예측하기란 어려운 일이다. 하지만 시기를 예측하기 어렵다고 해서 통일에 대한 대비책을 강구하지 않는다면 안고 가야 할 불확실성만 가중될 뿐이다. 국내외의 많은 전문가가 한국 경제의 가장 큰 위협으로 '통일'을 꼽고 있다는 사실도 간과해서는 안 된다. 일부에서는 '통일세'를 걷자는 논의까지 나오고 있는데, 어쨌든 과거와는 달리 보다 분명하고 철저한 대비가 필요한 시점이다. 눈앞에 다가올 미래를 알고 있으면서도 대비하지 않는 것만큼 무책임하고 어리석은 일은 없다.

1990년 2월, 헬무트 콜 수상의 외교 자문 호르스트 텔치크는 〈로스앤젤레스 타임스〉와 가진 인터뷰에서 "통일은 그 나름의 생명력을 갖고 있었다. 수십만 명의 동독인이 국경을 넘어 서독으로 밀려들었다. 그곳에 증기 롤러는 딱 하나 존재했다. 바로 동독 시민들이었다. 서독이 아니라 그들이 통일의 속도를 결정했다"고 밝힌 바 있다. 독일의 통일이 그러했듯이 한반도의 통일도 언제 누구에 의해 갑자기 현실이 될지 알 수 없다.

3 다이내믹 코리아,
경쟁력을 충전하라

과연 우리는 후손들이 충분히 먹고살 만큼의 유용한 유산이나 세계적인 자랑거리를 갖고 있
는가. 지금부터라도 신기술 및 원천 기술 확보에 더욱 심혈을 기울여야 할 이유가 여기에 있
다. 우리가 후손들에게 물려줘야 할 것이 비단 깨끗하고 아름다운 국토와 한국인이라는 자긍
심만은 아니라는 얘기다.

국가 경제를 지탱하는 바퀴는 둘이다. 하
나는 국가 경쟁력이고 다른 하나는 가계
부 작성이다. 돈을 잘 벌어야 하고, 번 돈
을 잘 써야 하는 것과 같은 이치다.

— 이면우, 서울대 교수

'다이내믹 코리아'의 브랜드 파워는?

21세기형 마케팅 전략이 필요하다

특정 기업이 어떤 브랜드를 가지고 있느냐는 해당 기업의 경쟁력과 직결된다. 브랜드 자체가 기업의 자산으로 평가받는 시대이기 때문이다. '기업은 망해도 브랜드는 살아남는다'는 말처럼, 과거에는 브랜드가 단순히 해당 제품을 만든 기업과 제품을 구별하는 수단으로만 사용되었지만 요즘은 해당 제품 및 기업을 대표하는 이미지로 자리 잡아 브랜드 자체를 소비하는 시대가 되었다. 브랜드가 기업 가치를 획기적으로 높이는 위력인 동시에 기업의 미래 가치까지 좌우하는 핵심 요소로 인식되고 있는 것이다.

2007년 4월, 시장 평가 업체 밀워드 브라운 옵티머와 영국 〈파이낸셜 타임스〉가 공동으로 '글로벌 100대 브랜드'를 조사한 결과, 세계적인 인터넷 검색 업체 구글이 브랜드 가치 664억 달러(약 66조 원)

로 1위를 차지했다. 이는 2006년보다 두 배 높은 수준으로, 구글은 마이크로소프트와 제너럴 일렉트릭, 코카콜라까지 누르며 최고의 브랜드 가치를 자랑했다. 우리나라의 2007년 사회 복지·보건 분야 예산이 61조 원인 것을 감안하면 뛰어난 브랜드 가치를 지닌 업체 하나만 잘 키워도 정부 예산 일부를 충당할 정도의 돈을 벌어들일 수 있다는 얘기이다. 이 평가에서 100위 안에 든 한국 기업은 삼성전자뿐인데 브랜드 가치 약 127억 달러로 44위를 기록했다.

개별 기업의 브랜드가 해당 기업의 가치에 영향을 미친다면 국가 브랜드는 그 나라에서 만들어지는 모든 제품에 영향을 미친다. 1896년 독일의 에르네스트 윌리엄스가 '메이드 인 저머니(Made in Germany)' 로고를 상품에 사용해 국가 이미지를 해외 마케팅에 처음 사용한 이래 어느 나라에서 만들어졌느냐를 뜻하는 '메이드 인'은 개별 기업의 가치에까지 직접적인 영향을 미치고 있다.

하지만 '메이드 인 코리아(Made in Korea)'의 브랜드 가치는 아직은 실망스러운 수준이어서 간혹 국가 브랜드 이미지가 한국 기업의 발목을 잡기도 한다. 국가 브랜드 이미지가 소비자의 구매를 좌우하는 '보이지 않는 손'이라고 한다면, 우리의 국가 브랜드는 기업의 가치를 떨어뜨리는 '코리아 디스카운트'의 원인이 되고 있는 것이다.

실제로 다국적 브랜드 조사 기관인 '안홀트-GMI'가 발표한 2005년 4분기 브랜드 순위 조사에서 한국은 35개국 중 25위에 그쳐

하위권에 머물렀다.* 이는 중국과 러시아는 물론 헝가리와 브라질, 아르헨티나에도 뒤진 것으로, 소위 경제 후진국이라고 여겨지는 나라들보다도 낮았다.

국가 브랜드 가치를 금액으로 환산한 결과에서도 한국은 2400억 달러에 불과해 멕시코(2810억 달러), 노르웨이(2760억 달러)에 이어 21위에 그쳤다. 미국(17조 8930억 달러), 일본(6조 2050억 달러), 중국(7120억 달러)과는 비교도 되지 않는다. 특히 우리나라의 브랜드 가치는 GDP의 26%에 불과해 35개국 중 최하위권인 반면, 미국과 독일, 영국, 스위스 등은 GDP의 1.5배를 웃돌았다. 우리는 세계 10위의 경제 규모에 걸맞지 않은 싸구려 브랜드를 입고 있는 셈이다.

한편 앞서 밝혔듯이 글로벌 100대 브랜드 조사에서 삼성전자의 브랜드 가치는 127억 달러로 44위를 차지했다. 반면 휴대 전화 업계에서 세계 1위를 달리고 있는 노키아의 브랜드 가치는 316억 달러로 12위를 차지해, 브랜드 파워 면에서 삼성전자보다 두 배 이상의 가치를 인정받았다.

만약 삼성전자가 한국 기업이 아니라 핀란드나 스위스 기업이었다면 어땠을까. 현재의 브랜드 가치보다는 더 높은 평가를 받았을 가능성이 높다. 삼성전자는 분단 국가라는 지정학적 리스크와 비교적

---

* 안홀트-GMI는 2005년부터 통치 권력, 국민성, 수출, 문화·유적, 관광·여행, 투자·이민 등 6개 항목을 기준으로 분기별 국가 브랜드 지수(NBI)를 발표하고 있다.

낮은 국가 이미지 때문에, 주가 역시 비슷한 실적을 내는 기업들에 비해 30% 이상 저평가되어 있다. 핀란드라는 국가 브랜드(국가 이미지)를 등에 업은 '노키야'에 비해, 한국이라는 국가 브랜드를 달고 있는 '삼성전자'가 상대적으로 세계무대에서 차별 대우를 받고 있는 셈이다.

국가 브랜드가 기업 가치에 직접적인 영향을 미치는 일은 우리 주변에서 흔히 찾아볼 수 있다. 한 회사에서 나오는, 같은 기종의 전자 제품이라도 생산지가 어디냐에 따라 가격이 달라진다. 예를 들어 같은 모델의 일본 소니 디지털 카메라도 원산지가 일본이냐, 말레이시아냐, 혹은 중국이냐에 따라 가격 차이가 난다. 당연히 '메이드 인 재팬(Made in Japan)'이 비싸다. 이는 일본 근로자들의 생산성이 높은 탓도 있지만 일본이라는 국가 브랜드에 대한 소비자의 선호도가 제품 가격에 영향을 미치기 때문이다. 사실 요즘 소비자들에게는 같은 상품이라도 원산지를 따져서 사는 소비 습관이 일상화되어 있다.

브랜드 경영에 일찌감치 눈을 뜬 기업들은 브랜드 가치를 높이는 일에 사활을 거는데, 일례로 스타벅스를 들 수 있다. 다른 기업들 모두가 경기 침체로 브랜드 가치가 하락한 2006년에도 이 회사의 브랜드 가치는 전년 대비 20%나 상승한 30억 9900만 달러를 자랑했다. 스타벅스 사장 하워드 슐츠는 단순한 브랜드 노출 방식이 아닌, 브랜드 속에 인간적인 기업 문화를 심는 독특한 전략으로 스타벅스의 브랜드 가치를 높였다.

한편 우리나라 기업 가운데는 하이트 맥주, 진로의 참이슬, 삼성전자의 애니콜, 현대자동차의 쏘나타 등이 높은 브랜드 가치를 자랑한다. 기업의 핵심 역량을 쏟아 부어 브랜드 생명력을 지속적으로 유지시킨 덕분이다. 월드컵 등 국제적인 스포츠 행사에 기업들이 막대한 광고비를 쏟아 붓는 것 또한 브랜드 이미지 제고를 위한 노력 중 하나다.

이젠 국가도 자국의 브랜드 가치를 높이기 위해 보다 적극적으로, 보다 전략적으로 나서야 한다. '카테고리 이론'에 따르면, 소비자가 물건을 구매할 때 국가 이미지라는 카테고리가 형성되어 있으면 그 제품과 해당 국가의 이미지를 결합시켜 생각하게 되는데, 이것이 제품 이미지를 결정하는 데 중요한 요인이 된다. 즉 국가 이미지가 긍정적이면 해당 국가의 제품 브랜드가 쉽게 수용되는 반면, 국가 이미지가 부정적이면 그렇지 못하다는 것이다. 따라서 기업이 브랜드 이미지를 높이기 위해 노력하는 것 이상으로 국가도 자국의 브랜드 이미지를 높이기 위한 철저한 관리가 필요하다.

선진국들은 이미 오래전부터 국가 브랜드(이미지) 가치를 높이기 위한 전략을 사용해 오고 있다. 예전에 영국은 '대영 제국의 유산에 집착하는 과거 지향형 국가'라는 보수적 이미지가 강했다. 이 같은 이미지가 영국 기업의 마케팅 활동에 장애 요인이 된다고 판단한 블레어 총리는 1997년 취임 후 '멋진 영국(Cool Britannia)' 이라는 국가 이미지 전략을 추진했다. 하지만 이 전략은 실패로 돌아갔다. '쿨(cool)' 이라는 이미지가 음악이나 패션, 예술 관련 산업과는 조화를 이루지만 제조업이나 첨단 기술 산업을 대표하는 데는 한계가 있고, 정부의 재정 지원도 미약했기 때문이다. 국가 이미지 전략을 짤 때는 신중함과 더불어 경제적인 뒷받침도 절실함을 보여 주는 사례다.

2001년 영국은 국가 이미지 전략 중심 기관인 '홍보특별위원회' 를 설치해 국가 이미지를 우선적으로 홍보하고 싶은 나라를 선정, 집중적인 홍보 활동을 펼치고 있다. 프랑스와 독일, 이탈리아, 폴란드, 러시아, 스페인, 터키 등 유럽 7개국과 미국, 브라질, 캐나다, 멕시코 등 미주 4개국을 비롯해 우리나라와 중국, 일본, 호주, 인도, 싱가포르 등 아시아 6개국이 집중 홍보 대상이다.

일본도 제2차 세계 대전 패전 후 도쿄 올림픽 이전까지는 '서구 제품을 모방 제조하여 저렴한 값에 파는 나라' 라는 이미지가 강했다. 일본은 이 같은 부정적인 이미지를 벗기 위해 '품질 일본(Quality Japan)' 전략을 추진했다. 우수한 품질의 제품을 직접 생산해 판매하면 싸구려 모방 제품을 만드는 국가라는 이미지에서 벗어날 수 있으리라는 판단에서였다. 이런 정책에 따라 일본은 1960년대에는 '통계적 공정 관리법' 과 '품질 향상법' 을 자국민에게 교육했고, 1970년대에는 '전사적 품질 관리(Total Quality Control)' 를 도입했다.

품질이 어느 정도 수준에 올랐다고 판단한 1970년대 이후에는 '경제 동물'이라는 부정적 이미지를 벗고 '문화 국가', '세계에 공헌하는 국가'라는 이미지를 심는 데 초점을 맞추었다. 이에 따라 유엔 평화 유지 활동과 정부 개발 원조 등을 펼치며 전범국이라는 이미지를 씻기 위해 애를 썼다.

1972년 일본 외무성 산하 특수 법인으로 설립된 '국제교류기금(Japan Foundation)' 역시 국가 이미지 제고를 위해 설립된 단체다. 여기서는 해외 인사를 초청해 일본 문화를 이해할 수 있는 기회를 제공하거나, 해외에서 일본어 교육 및 일본 연구가 활발히 일어날 수 있도록 전략적으로 지원했다.

이러한 노력 덕택에 일본은 1970년대 중반 이후 혁신적인 기술로 고품질의 전자 제품과 자동차를 만드는 선진 국가의 이미지로 탈바꿈할 수 있었다. 우리가 현재 알고 있는 선진국으로서의 일본 이미지는 어느 날 갑자기 생겨난 게 아니라 일본 정부의 치밀한 전략적 노력에 따른 결실이었다.

뉴질랜드에 대한 일반적인 이미지는 '깨끗한 녹색의 자연을 가진 국가'이다. 그런데 이런 이미지는 뉴질랜드의 제품 및 서비스의 경쟁력을 높이는 데 별 도움을 주지 못했다. 때문에 뉴질랜드 정부는 자국 기업의 해외 마케팅을 지원하기 위해 1993년 '새로운 뉴질랜드의 길(New Zealand Way)'이라는 조직을 출범시켰고, 뉴질랜드 기업

중 해외 매출 상위 10개 기업에서 이와 관련한 마케팅 예산의 일부를 기부받아 캠페인을 벌이고 있다.

미국은 USIA(United States Information Agency) 등의 단체를 통해 각국에 자국의 문화원을 설립, 미국에 대한 정보를 제공한다. 미국뿐 아니라 세계 여러 나라가 외국에 자국의 문화원을 설립하는데, 그 이유도 따지고 보면 자신들의 문화를 제대로 알려 국가 이미지를 제고하기 위한 방편의 하나이다. 중국 역시 2008년 베이징 올림픽을 계기로 국제무대에서의 이미지를 개선하려 하고 있다. 이미 국가 인지도가 높은 미국이나 영국, 일본은 물론이고 최근에는 싱가포르나 말레이시아 등도 '국가 이미지는 곧 국력' 이라는 인식 아래 범국가적 차원에서 홍보 전략을 펼치는 중이다.

우리나라도 2002년 한·일 월드컵 개최를 즈음해 한국을 세계에 알릴 슬로건이 필요하다는 여론에 따라 '다이내믹 코리아(Dynamic Korea)' 를 내세워 국가 이미지 제고를 위해 노력해 왔다. 하지만 한국에 대한 외국인들의 이미지는 아직까지 부정적인 것이 더 많다.

코트라(KOTRA)가 발표한 〈2005년 국가 이미지 현황 및 시사점〉이라는 자료를 살펴보면, '한국' 하면 연상되는 이미지를 묻는 질문에 유럽인은 한국전쟁, 자동차, 올림픽·월드컵 순으로 응답했다. 북미 사람들도 한국전쟁, 북핵 문제, 자동차 순으로 대답했다. 최근 'IT 강국 코리아' 라는 이미지가 세계에 널리 퍼지고는 있지만, 여전히 한국전쟁이나 북핵 문제 등 '정치적으로 불안정한 국가'라는 이미지가 더 강하다.

'브랜드는 0.6초의 유혹'이라는 말이 있다. 0.6초 안에 소비자의 눈길을 끌어야 성공할 수 있다는 뜻이다. 국가 이미지 역시 국가 경쟁력과 심리적 친근함을 바탕으로 형성되는 종합적이고 복합적인 심상(心象)이라는 점을 감안할 때 세계인의 마음을 0.6초 안에 사로잡을 전략이 필요하다. 하지만 이는 단기간에 이룰 수 있는 일이 아니므로 전 국가적 노력이 꾸준히 이어져야 한다.

기업의 경쟁력이 높아져야 국가 경쟁력이 높아지고, 국가 브랜드 가치를 높여야 기업 경쟁력도 올라간다. 기업과 국가는 이미 한배를 탄 운명 공동체이며 따라서 국가 브랜드 문제 역시 정부와 기업이 함께 풀어야 할 숙제다.

우리는 1988년 서울 올림픽을 통해 발전된 경제상을 전 세계에 알렸고, 2002년 한·일 월드컵을 통해 역동성을 과시했다. 그리고 최근에는 문화 산업에서 시작된 한류 바람이 한국과 한국인에 대한 이미지 제고로 이어지고 있다. UN 사무총장을 배출한 나라라는 점도 우리의 국가 브랜드 파워를 키우는 좋은 계기가 될 것이다.

스위스에 가면 스위스 국기의 상징인 십자 무늬를 흔히 접할 수 있다. 지갑, 우산, 가방, 신발 등 시각적 효과가 필요한 제품에는 빠지지 않고 등장한다. 스위스의 경쟁력을 상징하는 십자 무늬가 일종의 마케팅 트렌드가 되어 고객에게 긍정적인 상품 이미지를 제공함으로써 매출 증가를 가져오는 것이다. 무차별적 사용으로 인한 국가 이미지 훼손이야 막아야겠지만 국가 브랜드가 성공 아이콘으로 받아들여지는 현상은 기분 좋은 일이다. 대한민국의 '메이드 인 코리아' 라는 상징이 성공 아이콘으로 인식되어 전 세계를 누비는 그날을 기대해 본다.

대한민국표 글로벌 기업, 더 많아져야 한다

초일류 기업과 강소국 핀란드

규모는 작지만 경제적으로 부유한 나라를 가리켜 흔히 '강소국'이라 부른다. 스웨덴, 핀란드, 아일랜드가 바로 그런 나라들이다. 이들 나라는 국토가 넓지 않고 인구도 많아 봐야 1000만 명에 불과하지만 국민 소득은 2만 달러가 넘는다.

이 강소국들에게는 한 가지 공통점이 있는데, 일찍부터 미래 비전을 만들어 그것을 실현하는 데 에너지를 집중해 왔다는 점이다. 또한 잘 육성한 전략 산업이 성공적으로 뿌리를 내려 국가 경제의 상당 부분을 해결하고 있다. 이들은 미래의 변화를 정확히 예측하고 기민하게 대처함으로써 세계 시장에서 막강한 경쟁력을 가진 산업과 기업을 키울 수 있었다. '선택과 집중' 전략을 고도로 집약시켜 톡톡히 효과를 본 셈이다.

대표적인 강소국으로 꼽히는 핀란드에는 나라 덩치와는 걸맞지 않은 거대 기업이 하나 있다. 바로 휴대 전화 시장에서 세계 1위의 점유율을 기록하고 있는 노키아다. 노키아는 2006년 매출액이 핀란드 전체 예산을 앞지르는 진기록을 세웠다. 노키아의 2006년 매출액은 411억 2100만 유로(약 50조 원)로 핀란드 정부의 2007년 예산인 404억 8200만 유로를 앞질렀다.

이뿐만이 아니다. 노키아의 매출은 핀란드 국내 총생산의 4분의 1을 차지하고 있고, 국가 전체의 수출액에서 노키아가 차지한 비중도 20%를 웃돈다. 노키아의 고용 인력 역시 관련 하청 업체의 직원들까지 포함하면 핀란드 전체의 10%에 달한다. 노키아가 핀란드 열 가구 중 한 가구를 먹여 살리고 있는 셈이다.

노키아의 이 같은 성공은 하루아침에 이뤄진 게 아니다. 국가 차원의 정책적 판단과 노키아 스스로의 과감한 변신이 위기를 성공으로 바꿨다. 세상의 모든 화려한 영광 뒤에는 눈물로 쓴 역전 드라마가 숨어 있는 법이다.

1865년 목재 및 펄프 공장으로 출발한 노키아는 이후 고무와 전선 분야의 사업을 통합해 나가면서 그룹의 면모를 갖추게 된다. 여기에다 금속, 가전, 전자 통신 기기, 휴대 전화 등으로 무차별적인 영역 확장을 시도했다. 그래서 1970년대 말 유럽에서는 문어발식 기업 확장의 대표 기업으로 손꼽히기도 했다.

하지만 무리한 기업 확장은 결국 위기를 초래했다. 1980년대 말 유럽을 휩쓴 경제 불황의 여파로 노키아는 1990년대 초 심각한 경영 난을 겪으며 퇴출 위기를 맞는다. 게다가 무분별하게 기업 확장을 추진한 최고 경영자 카리 카이라모가 경영 실패의 중압감을 이기지 못하고 자살하는 사태까지 벌어지면서 노키아는 탈출구를 찾을 수 없을 정도로 깊은 수렁에 빠져 버렸다.

그 무렵 핀란드 역시 큰 위기를 맞는다. 그간 소련과의 구상 무역과 동서 간 무역 중개로 경제를 지탱해 왔던 핀란드는 1989년 소련 연방이 해체되자 금융 위기를 맞으며 심각한 경기 침체에 직면한다. 금융 위기의 여파로 1991년 핀란드는 실업률이 18%대까지 치솟았고, 이는 핀란드 경제 전반을 무너뜨릴 정도의 사회적 위기로 번졌다.

위기가 심화되자 핀란드 사회에 변화의 필요성에 대한 공감대가 형성되기 시작했다. 핀란드가 기존에 주력하던 목재 산업만으로는 먹고살기가 힘들다는 인식이 확산되면서 산업 구조를 근본적으로 재편해야 한다는 목소리에 힘이 실렸다. 경제 개혁의 필요성에 대한 사회적 합의의 토대가 마련된 것이다.

이 같은 사회적 합의를 바탕으로 핀란드 정부는 1992년 IT 산업 등 지식 기반 경제로 산업 구조를 재편해야 한다는 보고서를 내놓았다. 또 혁신 주도형 경제 체제로 전환하기 위해 경제 위기의 와중에도 GDP 대비 R&D 비율을 1992년까지 2.2%로 증액한다는 정책 목표를 밀고 나갔다. 이를 주도한 것이 핀란드 의회의 '미래위원회'였다.

1992년 핀란드 의회는 미래 사회에 대한 정부의 장기 비전과 대안을 포함하는 국가 미래 보고서 제출을 요구했고, 정부가 제출한 보고서를 검토하고 문제점과 대안을 제시하기 위해 1993년 미래위원회를 설치했다. 임시 위원회 형태로 결성된 미래위원회는 2002년 상임 위원회로 격상되어 지금도 의회의 싱크탱크 역할을 하고 있다.

핀란드는 위기 상황 속에서도 미래에 대한 장기 비전과 대안을 모색함으로써 비교적 빨리 경제 구조의 체질 개선에 성공했다는 평가를 받는다. 특히 정책 목표이던 정보 통신 산업의 비율이 1980년 GDP 대비 1% 수준에서 2000년 8%로 급등한 것은 적절한 비전 수립과 함께 충실한 이행이 뒤따랐음을 보여 주는 것이다. 정보 통신 산업 중심의 성장 동력 확충 전략이 들어맞으면서 핀란드는 지식 기반 경제로 발 빠르게 전환할 수 있었다.

정부의 정보 통신 중심의 성장 전략에 발맞춰 노키아 역시 국가의 정책적 지원 아래 IT 기업으로 변신하기 시작했다. 특히 1992년 '북유럽의 잭 웰치'라고 불리는 요르마 올릴라가 CEO로 취임하면서 노키아는 기존의 사업 영역을 과감히 접고 휴대 전화 단말기와 정보 통신 인프라 사업에 회사의 핵심 역량을 집중했다. 이러한 선택이 정부의 지원과 궤를 같이하면서 노키아는 성공적으로 변신할 수 있었고, 마침내 경제 위기라는 미로를 벗어날 수 있었다.

이후 노키아는 세계에서 가장 널리 사용되는 휴대 전화 표준인 GSM 방식을 개발하며 글로벌 기업으로 떠올랐다. 한때 문어발식 경영으로 존폐의 위기에까지 내몰렸던 노키아가 '선택과 집중' 이라는 카드를 효율적으로 사용한 결과, 세계 IT 업계의 기린아로 성장하는 드라마 같은 반전을 엮어 낸 것이다. 노키아는 세계 휴대 전화 시장에서 1998년 모토로라를 제친 후 2006년까지 9년째 세계 정상의 자리를 차지했다. 모토로라와 삼성전자, 소니-에릭슨, LG전자가 그 뒤를 이었다.

노키아의 변신을 주도한 올릴라 회장의 성공에 대해서는 여러 가지 비결이 거론되고 있지만 그중 손꼽히는 것은 핵심 사업에 주력한 과감성이다. 올릴라 회장은 우선 노키아의 기존 사업 분야 가운데 1위나 2위가 될 수 없는 분야를 매각했다. 사실 120년 넘게 회사의 근간이 되어 왔던 목재나 펄프 사업을 포기하는 전략은 결코 쉽지 않은 선택이었을 것이다.

하지만 당면한 위기를 극복하기 위해서는 때로 회사의 정체성까지도 버릴 수 있어야 하고, 새로운 것을 얻기 위해서는 손에 쥐고 있는 것을 버릴 줄도 알아야 한다. 노키아와 올릴라 회장은 누구나 알고 있지만 막상 실천하기는 어려운 이 진리를 실천했고, 그 결과 예전에 손에 쥐고 있던 것보다 더 큰 것을 거머쥘 수 있었다.

핀란드 경제를 회생시킨 1등 공신 노키아는 지금도 핀란드 경제의 중심축 역할을 맡고 있다. 노키아 없는 핀란드는 이제 생각조차 할 수 없게 되었다.

핀란드와 노키아의 위기 극복 드라마는 한국 경제에도 많은 시사점을 던져 준다. 핀란드와 한국은 인구 규모나 사회적 환경 등 여러 면에서 다르지만 몇 가지 주목할 만한 공통점도 있다. 주변 강국들의 틈바구니에 끼어 있는 지정학적 여건이 비슷하고, 에너지 등 부존자원이 거의 없다는 점과 수출 비중이 높다는 점도 유사하다. 또 인적 자원을 바탕으로 한 수출 주도형 경제 발전에 성공한 나라라는 점도 닮은꼴이다. 사우나를 즐기는 국민적인 습성도 친근감을 준다.

하지만 기업을 바라보는 시각에선 적지 않은 차이가 난다. 핀란드인에게 노키아는 크나큰 자부심을 주는 거대 기업인 반면, 한국 사회는 노키아처럼 덩치 큰 기업을 바라보는 시선이 곱지 않은 편이다. 여기에는 물론 그럴 만한 이유가 있다.

글로벌 기업 인지도 면에서 상위권을 차지하는 노키아는 윤리 경영 실천을 위한 전담 조직을 구성하여 사회적 책임을 다하는 반면, 국내 대기업들의 윤리 경영 수준은 49개국 중 39위로 하위권에서 맴돈다(스위스 IMD 자료). 뿐만 아니라 노키아는 투명한 경영 및 인사 시스템을 갖추는 것과 함께 환경 경영에도 열의를 갖고 있어 당당히 온 국민의 존경을 받는 기업으로 자리매김하고 있다.

국가 경제가 몇몇 기업에 의해 좌우되는 것은 바람직하지 못하다. 그렇지만 세계 일류 기업 하나가 국민 경제에 가져다주는 파급 효과를 감안할 때 특정 기업에 대한 밀어 주기나 권력과 결탁된 특혜 등의 부정한 수단이 만들어 낸 결과물이 아니라면 보다 냉철한 시각으로 대기업을 바라볼 필요가 있다. 이러한 시각을 불러오려면 노키아처럼 놀라운 수익을 창출하는 경영 능력과 함께 윤리 경영 등 새로운 시대적 화두에도 응답해야 한다.

지금 우리에겐 노키아와 같은 국가 대표급 기업들이 필요하다. 나아가서, 핀란드야 인구 500만 명의 작은 나라이니만큼 '노키아' 하나만으로 충분할지 몰라도, 우리나라에는 노키아처럼 수익 창출과 사회적 책임 측면 모두에서 탁월함을 보여 주는 모범적인 글로벌 기업이 더 많이 필요하다. 먹여 살릴 인구가 훨씬 많으니까 말이다.

물론 일정 기업에 대한 의존도가 지나치게 높으면 부작용이 생길 수 있다는 점도 간과하지 말아야겠지만, 세계적인 경쟁력을 갖춘 기업을 집중적으로 육성해야 한다는 점에 대해서는 이견이 없을 것이다. 그러한 강소국의 힘을 벤치마킹 할 필요가 있다. 그러려면 덩치 큰 기업에 대한 막연한 선입견을 버려야 하고, 기업들 역시 좀 더 투철한 윤리 경영 정신으로 무장하여 핀란드의 노키아처럼, 스웨덴의 발렌시아 그룹처럼 '존경받는 기업'으로 거듭나야 한다. 그것이 기업 경쟁력, 국가 경쟁력을 동시에 높이는 첫 단추다.

신기술 특허가 최강의 무기다

우리 후손들에게 무엇을 물려줄 것인가?

"**아빠,** 왜 사진은 찍자마자 바로 볼 수 없어요?"

역사상 가장 흥미로운 발명품 가운데 하나로 꼽히는 즉석카메라는 바로 이 질문 덕분에 탄생했다. 최초의 즉석카메라를 발명한 에드윈 랜드는 딸아이의 엉뚱한 질문에서 아이디어를 얻어 그 유명한 '폴라로이드'를 만들었다.

1947년 세상에 첫선을 보인 폴라로이드는 셔터를 누른 후 조금만 기다리면 사진을 볼 수 있었으니 당시로서는 획기적인 발명품이었다. 지금은 디지털 카메라가 폴라로이드의 입지를 좁혀 가고 있지만, 폴라로이드는 즉석카메라를 지칭하는 보통 명사가 될 정도로 많은 사람의 사랑을 받았다. 더욱이 폴라로이드는 발명된 지 60여 년이 흐른 지금도 그 특허가 보호되기 때문에 적지 않은 로열티 수입이 발생하고 있다.

폴라로이드 못지않게 유명한 제품으로 아스피린이 있다. 아스피린은 1900년 특허가 등록된 이래 100년이 훨씬 지난 요즘도 한 해 600억 알 이상 팔리며 해열 진통제의 대명사로 통하고 있다. 의약계에서도 가장 위대한 발명품 중 하나로 꼽히는 아스피린은 특허 기간이 끝났지만, 오랜 시간 약품 개발자에게 막대한 로열티 수입을 안겨주며 '세기의 약'으로 인정받아 왔다. 몇 년 전 미국 NBC 방송은 8만여 건의 사례 연구를 통해 '돈 안 들이고 오래 사는 스물다섯 가지 방법'을 소개한 적이 있는데, 그중 첫 번째가 '아스피린을 매일 복용하라'였다. 아스피린은 효능이 좋은데도 부작용은 거의 없어 세계인의 만병통치약처럼 되어 버렸다.

세기의 발명은 그 시대를 바꾸는 한편 발명자와 해당 국가에도 엄청난 부를 가져다주는 훌륭한 도구가 된다. 아스피린과 폴라로이드 예에서 보듯 원천 기술 개발은 나라의 경쟁력을 근본적으로 좌우하는 핵심 요소이다. 원천 기술 보유 여부에 따라 해당 개인이나 기업, 국가가 큰 경제적 이익을 누릴 수 있기 때문이다.

하지만 우리나라는 확보한 원천 기술이 별로 없어서 부를 쌓기는커녕 갖고 있는 부마저도 해외로 빠져나가고 있다. 그간 원천 기술에 대한 중요성을 미처 깨닫지 못하여 그에 대한 투자도 선진국에 비해 뒤처져 있던 탓이다. 해외로 빠져나가는 돈의 대표적인 사례로는

'IT 강국 코리아' 의 견인차 역할을 하는 휴대 전화를 들 수 있다.

휴대 전화는 한국이 코드 분할 다중 접속(CDMA) 방식의 종주국임에도 불구하고 미국 퀄컴이 원천 기술을 보유하고 있어 해마다 이 회사에 상당한 액수의 로열티를 지급한다. 실제로 지난 10여 년 동안(2006년 말 기준) 국내 휴대 전화 제조 업체들은 미국 퀄컴에 3조 원(26억 2766만 달러) 가까운 로열티를 지급했다. 내수용은 매출액의 5.25%, 수출용은 5.75%의 로열티를 퀄컴에 주어야 하기 때문이다.

전 세계적으로 CDMA 기술을 상용화한 것은 한국이지만 그에 따른 열매는 원천 기술을 보유한 퀄컴이 거둬들이고 있다. 1985년 미국 캘리포니아 주 샌디에이고에서 탄생한 퀄컴은 2006년 전체 매출액 75억 3000만 달러 중 37% 정도를 라이선스와 로열티 부문에서 올렸다. 이는 2005년의 34%보다도 더 올라간 수치로, 매출이 늘어날수록 퀄컴이 원천 기술로 벌어들이는 수입이 많아지는 동시에 그것이 전체 수입에서 차지하는 비중 또한 높아지고 있다.

세계 1위 수주를 자랑하는 우리의 조선업 역시 예외가 아니다. 삼성중공업, 현대중공업, 대우조선해양 등 국내 조선 업계가 세계 시장을 휩쓸고 있는 액화 천연가스(LNG)선도, 배의 핵심 설비인 화물창의 설계 및 제조 기술을 보유하고 있는 곳은 우리 업체가 아니라 프랑스의 GTT 사다. 때문에 국내 조선 업계는 LNG선을 한 척 만들 때마다 선가의 5%에 이르는 로열티를 GTT에 지급하고 있다. 2006년 말 기준 LNG선 수주 잔고가 백 척을 웃돌았으니 2007년에는 최소한 1조 원의 로열티를 지불해야 한다. 재주는 곰이 넘고 돈은 왕 서방이 버는 형국이다.

국내 업체들이 원천 기술을 갖고 있지 못해 해외로 빠져나가는 로열티가 늘면서 우리나라의 기술 무역 수지는 적자를 면치 못하고 있다. 한국은행의 발표에 따르면 2006년 한 해 동안 로열티와 특허료를 포함한 기술 사용료로 해외 업체에 지불한 돈은 44억 8730만 달러에 달했다. 하지만 국내 업체로 들어온 돈은 20억 1060만 달러에 그쳐 기술 무역 수지 적자 규모는 24억 7670만 달러에 달했다. 로열티 수입액이 대외 지급액의 10분의 1에도 미치지 못하던 과거보다는 나아졌지만 여전히 만만치 않은 적자 폭을 드러내고 있다.

반면 일본은 2003년 처음으로 기술 사용료가 12억 9000만 달러 흑자를 기록하더니 2006년에는 흑자 폭이 46억 1000만 달러까지 늘었다. R&D 투자를 통해 원천 기술을 확보하려는 노력이 꾸준히 이어진 덕분이다.

과학기술부가 OECD의 분류 기준을 적용해 기술 수출액·도입액과 무역 수지를 분석한 〈2005 기술 무역 통계 조사〉에서도 결과는 비슷하게 나타났다. 한국의 2005년 기술 무역 규모 61억 5000만 달러 중 수출은 16억 2500만 달러, 도입은 45억 2500만 달러로 29억 달러 적자를 기록했다.

더욱 관심을 끄는 내용은 기술 무역 도입 총액에서 선진 5개국(미국, 일본, 프랑스, 영국, 독일)이 차지하는 비중이 2001년 18억 9330만 달러에서 2002년 21억 6720만 달러, 2005년 34억 2330만 달러로 치솟고 있다는 점이다. 이는 원천 기술 확보에 발 빠르게 앞서 나간 선진국들이 로열티 수입으로 얼마나 큰 이익을 얻는지를 잘 보여 준다.

우리 업체들은 원천 기술을 갖고 있지 못하기 때문에 해외 기술 의존도 점점 높아질 수밖에 없다. 2005년 한국의 해외 기술 의존도*는 19.2%로 일본보다 훨씬 높았다. 일본의 해외 기술 의존도는 2000년 2.9%, 2004년 3.6%에 불과했다.

우리 기업들의 원천 기술 확보가 저조한 것은 국가 R&D 시스템의 저효율성과 위험 투자 부족, 정부 출연 연구 기관과 대학의 기초 연구 저조, 기업과 대학의 협업 부족 등이 원인으로 지목되고 있다. 하지만 중요한 건 과거가 아니라 앞으로다. 현재 엄청난 양의 특허권을 확보하여 돈을 벌어들이고 있는 미국이나 일본도 예전부터 그런 영광을 누려 온 것은 아니니까 말이다.

미국은 1980년대 초 산업 경쟁력 하락으로 심각한 위기를 겪게 되자 특허(원천 기술) 중시 정책으로 이를 돌파하려 했다. 미국이 이런 정책을 적극적으로 펼치는 데 도화선이 된 사건은 코닥과 폴라로

---

*R&D 투자비 대비 기술 도입액 비중.

이드 간의 특허 분쟁이었다. 코닥은 폴라로이드가 보유한 특허를 무시하고 즉석카메라의 상품화를 강행했지만 1990년 법원이 폴라로이드의 손을 들어 주면서 막대한 손실을 입게 되었다. 코닥은 9억 2500만 달러의 손해 배상과 더불어 15억 달러를 투자한 생산 공장을 폐쇄해야 했고, 이미 판매한 즉석카메라를 다시 사들이는 데도 무려 5억 달러를 써야만 했다.

이 사건을 계기로 미국은 원천 기술 중시 정책이 얼마나 중요한지를 깨닫게 되었고, 이것이 돈이 되리라는 계산에서 국제적으로 확대 적용하기 시작했다. 미국의 이 같은 정책 변화로 인해 일본은 1987년부터 1996년까지 10년간 미국과의 기술 무역에서 329억 달러의 누적 적자를 기록했고, 미국은 1471억 달러의 흑자를 기록했다. 이때의 아픈 경험을 바탕으로 일본도 1997년부터 원천 기술 중시 정책을 공식적으로 채택했다. 일본이 최근 기술 무역 수지에서 흑자를 내는 것도 따지고 보면 일찍부터 미국의 원천 기술 보호 정책에 대한 대비책을 모색한 결과라고 할 수 있다.

최근 국내 기업들 역시 원천 기술의 중요성을 인식하고 있으며, 정부도 미래 유망 신기술로 꼽히는 6T(정보, 생명 공학, 나노, 우주 공학, 환경, 문화) 분야에 집중적으로 예산을 투입하고 있다. 덕분에 특허 출원 건수도 매년 증가 추세다. 세계지적재산권기구(WIPO)에 따르면 2006년 한국의 특허 출원 건수는 5935건으로, 2005년보다 26.6%나

늘었다. 이는 영국과 프랑스를 제치고 미국, 일본, 독일에 이어 세계 4위를 기록한 것이다.

개별 기업들도 원천 기술을 확보하기 위해 적지 않은 노력을 쏟고 있다. 특히 삼성전자는 2006년 연구 인력이 총 3만 1700명을 기록함으로써 전체 인력의 38.1%를 차지했다. 삼성전자 직원 10명 중 4명이 연구원인 셈이다. 연구 인력이 3만 명을 넘긴 것은 국내 기업 가운데 최초이다. 기술 개발에 대한 중요성이 그만큼 커진 것이다. 삼성전자는 2007년에도 R&D 투자를 늘려 2006년의 5조 5800억 원보다 10%가량 늘어난 6조 1400억 원을 투자했다. 생존을 위해서는 선도적인 원천 기술을 확보하는 것이 필수적이라는 판단에서다.

이렇듯 기업 일각에서 연구 인력 증원 및 R&D 투자 확대 등 여러 가지 노력을 하고 있지만, 여전히 대기업 등 일부 기업만이 원천 기술 확보에 나서고 있어 안타깝다. 개별 기업 차원을 넘어 전 국가적으로 R&D 혁신이 이뤄지지 않으면 앞으로 더욱더 치열해지는 세계 기술 무역 경쟁에 적신호가 켜질 수밖에 없기 때문이다.

현재 호황을 누리고 있는 조선 업계도 매출액 대비 R&D 투자 비용이 2000년 1.23%에서 2005년에는 0.66%로 떨어졌다. 우리나라가 중국과 일본을 물리치고 계속해서 조선업 1위 자리를 지키기 위해서는 매년 R&D 비용이 늘어나야 할 텐데 오히려 줄고 있는 것이다. 이는 호황을 누리기에만 급급할 뿐 아직도 R&D의 중요성에 대한 인식이 부족함을 보여 주는 방증이다. 이대로 가다가는 조선업 세계 1위 자리를 언제 빼앗길지 모른다.

전문가들은 특허 출원이 1%포인트 증가하면 경제 성장률이 5년 동안 0.11%포인트 올라가고, 특허 출원이 1000건 늘어나면 5년 동안 약 4460억 원의 국민 소득이 증가한다고 보고한다. 원천 기술 등 지적 재산이 많아질수록 국가 경쟁력이 높아진다는 사실을 보여 주는 분석이다. 성장 동력 확충을 위해서도 선제적인 R&D 투자가 필수적이라는 이야기다.

그렇지만 무조건 특허만 출원한다고 해서 모든 문제가 해결되는 건 아니다. 더 체계적이고 현명한 특허 출원, 더 넓은 의미에서의 연구 및 기술 개발이 이뤄져야 한다. R&D는 연구 단계에서부터 해당 기술이 세계 특허로 인정받아 전 세계에서 상용화될 수 있어야 한다. 즉 그 특허가 구체적인 사업과 연계되도록 해야 하는 것이다. 특허를 가진 기술이 상품화되어야만 비로소 경제적 가치가 발생하기 때문이다. 그런데 우리나라는 사업화되는 특허가 전체의 33.2% 수준이고 특허 성공 비율은 18.4%에 불과하다. 이는 특허 출원이 많다고 해서 그것이 곧바로 경제적 성과로 이어지지는 않는다는 뜻이다.

특허 기술의 개발 및 사업화를 위해서는 정부의 역할이 매우 중요하다. 사실 특허 기술 개발도 중요하지만 출원된 특허를 등록해 세계에서 통용될 만한 상품을 얼마나 빨리 만들어 내느냐가 더 중요하다. 그래서 선진국들은 특허 출원된 제품이나 기술에 대한 심사 기간을 줄이려고 노력하고 있다. 그런데 우리나라는 현재 특허 심사 기간이 평균 17.8개월이나 되어 잠자고 있는 특허가 많다. 요즘처럼 치열한 특허 전쟁에서 살아남으려면 특허 심사 기간부터 세계 최저 수준인 10개월 이내로 단축해야 한다. 특허는 말 그대로 시간 싸움이기 때문이다.

아울러 개별 기업들은 종업원의 기술 혁신 의지를 장려하기 위한 노력도 병행해야 한다. 특히 직원들의 R&D 성과에 대한 보상 체계를 갖추는 것이 중요하다.

2006년 독일 정부는 세계적으로 자랑할 만한 자국의 유산을 '독일의 별들: 모두가 알아 두어야 할 혁신 쉰 가지'라는 제목으로 소개했다. 여기에는 독일의 3대 발명품으로 꼽히는 자동차와 에어백, 아스피린도 포함되어 있다. 이 밖에 맥주, 헬리콥터, 자기 부상 열차, MP3 포맷, 피임약, 스캐너, 엘리베이터, 치약, X레이 기술 등이 들어간다. 바로 이런 '세상을 바꿔 놓은 혁신 제품들' 덕분에 독일은 경제 대국이 될 수 있었다. 창조적인 아이디어와 발 빠른 사업화 전략이 당대의 사람들은 물론 후손들까지 잘 먹고 잘살 수 있게 만든 것이다.

그런데 우리는 어떤가? 과연 우리는 후손들이 충분히 먹고살 만큼의 유용한 유산이나 세계적인 자랑거리를 갖고 있는가. 지금부터라도 신기술 및 원천 기술 확보에 더 심혈을 기울여야 할 이유가 여기에 있다. 우리가 후손들에게 물려줘야 할 것이 비단 깨끗하고 아름다운 국토와 한국인이라는 자긍심만은 아니라는 얘기다. 지적 재산, 어쩌면 그것만큼 유용하고 질 좋은 유산은 없을지도 모른다.

다윗과 골리앗, 기러기처럼 함께 날아라

상생은 산업 생태계를 되살리는 윤리

구약 성서에는 다윗과 골리앗에 대한 유명한 일화가 등장한다. 이스라엘 군과 블레셋 군의 일전에서 거인 골리앗에 의해 이스라엘 전사들이 속수무책으로 당하고 있을 때 소년 목동 다윗이 돌멩이 한 방으로 골리앗을 거꾸러뜨려 전쟁을 승리로 이끌었다는 내용이다.

다윗과 골리앗의 이야기는 도저히 이길 수 없는 거대 강자를 만난 약자가 자신만의 전략으로 상대를 물리친 경우에 종종 비유된다. 그런데 왜 다윗과 골리앗은 항상 적이어야만 하는가? 만약 다윗과 골리앗이 같은 편이었다면 역사는 또 어떻게 달라졌을까? 신체적으로나 물리적으로 뛰어난 힘을 가진 골리앗, 그리고 투지와 용맹, 전략을 가진 다윗이 힘을 합친다면 막강한 전력을 가진 최고의 군대가 되었을 가능성이 높다. 애석하게도 역사는 다윗과 골리앗의 이야기를 상대를 죽일 수밖에 없는 숙적의 운명으로 몰고 갔지만 말이다.

기업 간의 우열을 비교할 때 매출액이 크고 시장 점유율이 높은 기업을 흔히 골리앗에 비유한다. 반면 매출액 규모가 작고 시장 점유율도 낮지만 남다른 기술력으로 승부하는 기업에는 다윗이라는 꼬리표를 붙이는 경우가 많다. 시장에서는 이들이 대결을 펼쳐 덩치가 작은 기업이 승리하면 다윗이 골리앗을 이긴 것처럼 높이 평가한다.

작은 기업의 승리에 대한 찬사는, 어려운 상황을 기술력이라는 무기로 헤쳐 나간 것에 대한 여론의 보상일 수 있다. 하지만 다른 한편으로 생각해 보면 골리앗처럼 덩치가 큰 기업에 대한 시기심도 다윗과 같은 기업을 치켜세우는 데 한몫하고 있음을 부인하기 힘들다.

국가 경제라는 측면에서 보면 골리앗 같은 기업이든 다윗 같은 기업이든, 모두가 국가 경제의 심장을 뛰게 하는 중요한 핏줄이다. 덩치 큰 골리앗 기업과 기술력으로 똘똘 뭉친 다윗 기업이 힘을 모은다면 경제 전체의 역동성과 효율성이 배가될 가능성이 높다. 골리앗 같은 대기업과 다윗 같은 중소기업이 서로를 싸울 상대로 보지 말고 상생의 길을 찾아야 하는 이유가 그것이다.

특히 우리나라는 중소기업이 전체 사업체 수의 99.8%, 고용의 86.7%(2004년 기준)를 차지하고 있다. 중소기업이 한국 경제의 절대다수를 차지하면서 경제의 절대적인 한 축을 맡고 있는 셈이다. 대기업 입장에서도 글로벌 경쟁의 격화로 중소기업과의 상생 협력 필요성이 증대되고 있다. 중소기업협동조합중앙회에 따르면, 대기업이 중소기업으로부터 부품을 조달받는 비율은 1980년 30%에서 2003년 63%로 커졌다. 따라서 중소기업의 경쟁력을 끌어올려 효율성을 향상시켜야만 대기업도 글로벌 경쟁에서 이길 수 있다.

대기업과 중소기업 간에 실질적인 상생이 이뤄져야 한다는 공감대와 당위성은 이미 형성되어 있다. 다만 중소기업에 비해 비교적 강자의 위치에 있는 대기업이 불공정 거래를 자주 해서 상대방의 신뢰를 얻고 있지 못한 게 문제다. 그래서 일부 중소기업에서는 상생을 부르짖는 것보다 정상적인 상거래가 이뤄질 수 있도록 질서를 잡는 일이 먼저라고 주장한다.

정부가 대기업과 중소기업 간 상생 협력을 지도하고는 있지만, 기업 스스로가 나서지 않으면 성과를 얻기 힘들다. 아무래도 정부는 정책적 지원을 통한 '촉진자' 역할에 머물 뿐이기 때문이다. 다행히 2005년 포스코와 한전 등 5대 그룹을 중심으로 설치된 상생 협력 전담 조직이 2006년에는 30대 그룹으로 빠르게 확산되었고, 상생 경영 투자도 2006년 1조 4307억 원으로 전해의 1조 401억 원보다 30% 이상 확대된 점은 고무적이다.

대기업과 중소기업 간 상생의 성과를 가장 잘 보여 주는 사례는 일본의 자동차 회사 도요타이다. 도요타의 주요 부품 업체들은 대부분 본사 공장과 불과 두 시간 남짓한 거리에 위치해 있다. 그 덕분에 생기는 비용 절감 효과를 도요타는 납품 단가 인하로 흡수하지 않고 부품 업체들이 이익을 가져갈 수 있도록 배려했다. 이로 인해 부품 업체들은 기술 개발과 시설 투자를 늘릴 수 있었고, 결국 이것이 도요타의 경쟁력 향상으로 이어졌다.

또한 도요타는 자신들의 부품 공급 업체가 공급선을 다변화하는 것을 막지 않는다. 실제로 도요타가 지분 24%를 보유한 부품 업체 덴소는 도요타와 함께 제품을 개발하고 해외 진출도 공동으로 모색하지만 생산 제품의 50% 이상을 도요타 이외의 기업에 공급한다. 부품 업체 자체의 경쟁력을 키워 더 좋은 제품을 만들어 낼 수 있는 기반을 마련해 주는 것이다. 이는 궁극적으로 도요타의 이익으로 돌아온다. 질 좋은 제품을 더 싼값에 공급받을 수 있기 때문이다. 그래서 '덴소가 없으면 도요타도 없다'는 말이 일본 산업계에 회자되는 것이다. 이렇듯 세계 자동차 시장 점유율 1위인 도요타의 경쟁력은 부품 업체와의 든든한 상생 경영에서 비롯된다.

인텔의 경우에도 인터넷이나 디지털 가전, 차세대 반도체 등 인텔칩을 사용하는 200여 기술 기업에 인텔펀드를 조성해 20억 달러를 투자했다. 이를 통해 인텔은 협력 업체들의 신시장 진출을 지원한다.

핀란드의 노키아 역시 투자 펀드를 조성해 사업성 있는 아이디어를 가진 중소기업에 투자하고, 벤처 기업 지원을 위한 전담 조직인 7억 달러 규모의 벤처 캐피털을 운영하고 있다.

개별 기업뿐만 아니라 각 나라들도 혁신형 중소기업을 육성하기 위한 다양한 정책을 펴고 있다. 중소기업이 대기업과의 상생 경영을 이루기 위해서는 무엇보다도 자사의 취약한 경쟁력을 획기적으로 끌어올려야 한다. 때문에 선진국들의 중소기업 정책 또한 단순한 보호나 육성에 그치지 않고 해당 기업의 경영 혁신과 성장을 지원하는 방향으로 선회하고 있다.

특히 독일은 각 중소기업의 특성에 맞는 수요자 중심의 지원 체제가 특화되어 있다는 점에서 높이 평가받는다. 중소기업이 지원을 필요로 할 경우 절차상의 문제를 지원 기관이 전담하는 체계가 갖춰져 있어, 비용 소모가 적고 민원 발생 여지도 적다. 예를 들어 중소기업에 대한 자금 지원을 담당하는 정부 기관은 재건은행(KfW)이나 조정은행(DtA)이지만, 중소기업은 이 두 기관을 직접 상대하지 않고도 자신들의 주거래 은행을 통해 자금 지원 신청을 할 수 있다. 다만 주거래 은행도 대출 지원시 일정 비율만큼 지원을 해 줄 의무가 있기 때문에 해당 중소기업에 대한 평가 보고서를 꼼꼼히 작성하고, 조언 또한 아끼지 않는다.

미국의 중소기업 지원 정책은 기본적으로 시장 경제를 기반으로 하기 때문에 최소한의 개입을 원칙으로 한다. 하지만 혁신형 중소기업 지원 프로그램은 다양하게 마련해 놓고 있다.

1958년에 설립된 중소기업투자공사(SBIC)는 혁신형 중소기업들에 대해 자본금의 세 배에 이르는 자금을 보증해 주고, 1982년에 제정된 중소기업 혁신 연구·개발(SBIR) 프로그램은 우수한 기술력을 갖춘 중소기업을 육성하기 위한 것으로 다른 나라에서도 벤치마킹을 하고 있다.

일본은 1999년 임시 국회에서 36년 만에 '중소기업기본법'이 전면 개정되었는데, 중소기업 정책 목표를 '대기업과의 격차 시정'에서 '다양하고 활력 넘치며 독립적인 중소기업의 육성 및 발전'으로 변경했다. 앞으로는 중소기업을 약자이자 보호의 대상이 아닌, 성장의 주체로 보겠다는 의미이다. 즉 중소기업 간의 경쟁을 유도해 혁신을 촉진하는 대신, 통제할 수 없는 사태나 연쇄 도산을 막는 안전망을 구축하겠다는 것이다. 또 각 지역의 중소기업 벤처 종합 지원 센터를 정비해 창업 초기부터 주식 공개까지 일련의 과정을 지원해 준다.

싱가포르는 중소기업 육성 10개년 계획으로 2000년부터 'SME21' 프로그램을 가동하고 있다. 중소기업이 전체 기업의 92%, 노동력의 51%를 차지하고 있는 데 반해 생산성은 대기업의 절반에 불과하다는 절박한 현실 인식에서 시작된 이 프로그램의 목표는, 중소기업의 생산성을 두 배로, 매출액은 세 배로, 전자 상거래 활용도는 네 배로 늘리는 것이어서 '2·3·4 배가 계획'으로도 불린다.

이 프로그램을 위해 싱가포르 정부는 1999년 가정을 소규모 창업 공간으로 활용하는 제도를 도입했고, 2000년에는 중소기업과 벤처 기업에 17억 싱가포르달러의 금융을 지원하는 등 유연하고 친기업적인 환경을 조성했다.

대기업과 중소기업 간의 협력을 도모하고 혁신형 중소기업을 육성하는 일은, 어느 한쪽의 경쟁력 향상에 그치는 것이 아니라 국가 경제 전반의 경쟁력을 높이는 필수적인 선택이자 전략이 되고 있다. 그래서 지금 세계 각국들이 너나없이 기업들의 상생 경영 및 혁신형 중소기업 육성에 박차를 가하고 있는 것이다. 만약 지속적인 혁신과 기술 개발에 능한 중소기업이 많아지고 그들이 세계 시장에서 경쟁력을 확보하여 대기업과 손을 잡게 된다면, 국가 경제 또한 좋아질 수밖에 없다.

겨울철 기러기들이 V자형으로 대열을 지어 날아가는 것은 누구에게 보여 주기 위한 모양새가 아니다. 무리를 이룬 기러기는 혼자 날아갈 때보다 70% 이상 더 멀리 날아갈 수 있다. 앞선 기러기들이 날개를 저으면 상승 기류가 만들어져 뒤따라오는 기러기들이 힘을 덜 들이게 된다. 또 이동 중에 한 기러기가 병에 걸리거나 다쳐서 대열에서 낙오되면 다른 기러기 두 마리도 대열에서 떨어져 나와 낙오된 기러기가 다시 날 수 있을 때까지 곁에 머물러 준다.

대기업과 중소기업도 마찬가지다. 역사 속의 다윗과 골리앗처럼 적대적인 관계가 아니라 기러기처럼 함께 날아가는 파트너십을 맺어야만 공생할 수 있다. 다윗과 골리앗이 손을 맞잡는 전략적 파트너십

이야말로 최고의 생존 전략인 것이다. 물론 더 멀리 더 높은 곳으로 날기 위해서는 상대에 대한 배려가 가장 중요하다는 것은 두말할 나위가 없다.

기업 경쟁력, 글로벌 파고를 넘으려면

후진국형 노사 관계에서 벗어나라

2년 전쯤인가. 프랑스에서 발행되는 영자 신문 〈인터내셔널 헤럴드 트리뷴〉에 경제 칼럼니스트 윌리엄 페섹이 쓴 글이 실렸다. 그는 이 칼럼에서 '한국의 강성 노조가 투자자의 투자 의욕을 위축시키는 주요 걸림돌로 작용하고 있다' 며 '한국의 노조는 변화에 대항하지 말고 변화를 포용하라' 고 일갈했다. 또한 그는 '한국 경제를 형성하는 원동력인 외국인 직접 투자에 대해 보다 열린 태도를 보이라' 고 주문했다.

그러나 한편으로는 '한국에 만연한 위기의식을 노조의 탓으로만 돌리는 것은 다소 솔직하지 못한 태도' 라고 언급하면서 '노조는 한국이 가진 문제의 한 증상일 뿐 원인은 아니다' 라고 지적했다.

국내 거대 노조들의 파업이 계절마다 벌어지는 일상사가 된 것은 사실이다. 좀처럼 낮아질 기미를 보이지 않는 실업률과 늘어만 가는 비정규직 문제가 사회적 이슈로 대두되고 있지만, 한편에서는 '강성 노조로 인해 갈수록 기업 하기 어렵다' 는 목소리도 커지고 있다.

높은 인건비와 강성 노조 문제는 우리나라에 대한 외국인 직접 투자를 위축시키는 이유로도 작용한다. 중국이나 인도, 베트남 등 아시아 나라들이 글로벌 제조 기업의 투자처로 각광받는 것과 달리 한국은 투자 기피 지역으로 변해 가고, 심지어 한국에 대한 기존의 투자를 회수하고 철수하겠다는 외국 기업도 늘고 있는 실정이다. 얼마 전 독일계 화학 기업 바스프가 전북 군산에 있던 라이신 사업을 철수하기로 했으며, 스웨덴 회사 테트라팩도 경기도 여주 공장을 폐쇄하기로 결정했다.

2006년 1~9월 외국인 직접 투자는 59억 달러에 그쳐 2005년 같은 기간 62억 달러보다 5% 정도가 줄었다. 반면 중국은 1년 전보다 21.9% 증가한 735억 달러를 기록했고, 베트남은 78억 달러를 기록해 3년 연속 100% 가까운 증가세를 보이고 있다.

외국인 직접 투자만 줄고 있는 게 아니다. 한국에 투자된 자금이 빠져나가는 규모도 눈 덩이처럼 불어나는 중이다. 2005년 외국인의 직접 투자 자금 회수 규모는 47억 달러로 사상 최고치를 넘어섰다. 게다가 한국의 해외 직접 투자액은 2003년 41억 달러에서 2006년에는 107억 달러로 큰 폭으로 증가했다. 한국으로 유입되는 투자액은 줄어드는 반면, 한국을 이탈하는 자금 규모는 커지고 있는 것이다.

강성 노조 문제는 일자리 창출에도 부정적인 영향을 끼친다. 기업들이 노조 문제를 빌미 삼아 인력 충원시 임시직이나 비정규직을 고용하려는 경향을 보이는 것이다. 2007년 3월 한국경영자총협회가 100명 이상 고용 기업 709곳을 대상으로 조사한 바에 따르면, '신규 채용 계획 없음', '채용 여부 미결정' 이라는 응답이 전년보다 각각 9.9%포인트, 6.3%포인트가 늘었다. 신규 인력 채용 감소의 주된 원인으로는 인건비 압박, 정치 · 경제의 불확실성, 가동률 저하 등으로 나타났다. 실제로 2007년 삼성그룹의 신규 채용 규모는 2006년 8450명보다 20%가 줄어든 6750명이었다.

파업으로 인해 지불해야 할 사회적 비용도 적지 않다. 2007년 초 성균관대 경제학부 조준모 교수가 노동부에 제출한 〈복수 노조 허용과 교섭 창구 단일화 방안이 노사 관계 · 기업 경영에 미치는 영향 및 경제적 효과 분석〉이라는 보고서에 따르면, 2005년 기준으로 연간 노사 관계 개선에 들어가는 비용이 2조 8544억 원에 이른다.

노사 관계 비용은 전임자 급여 등 평상시 노조 활동에 대한 편의를 제공하는 '노사 관리 비용' 과 파업 등 쟁의 행위로 발생한 생산 차질액을 나타내는 '쟁의 비용', '단체 교섭 비용' 등으로 구성된다. 이 가운데 노사 관리 비용(1조 4987억 원)이 전체 노사 관계 비용의 52.5%를 차지하고 있지만, 파업으로 인한 쟁의 비용도 1조 2899억 원에 달해 45.2%를 차지했다.

파업에 따른 한국의 손실 노동 일수가 주요 선진국에 비해 크게 높다는 것도 간과할 수 없다. 금융경제연구원이 발표한 보고서에 따르면 2000~2002년 한국의 연평균 노동 손실 일수는 111일로, 같은 기간 일본과 스웨덴의 1일과는 비교가 되지 않을 정도로 많고, 영국 (32일)이나 미국(56일)보다도 많다. 연평균 노동 손실 일수가 111일이라는 것은 1년 365일 중 3일에 한 번꼴로 파업 때문에 제대로 일을 하지 못했다는 의미다. 심각한 수준이 아닐 수 없다.

스위스 IMD의 발표에 따르면, 2007년 한국의 국가 경쟁력은 2006년보다 세 계단 오른 29위를 기록해서 긍정적인 신호가 되고 있다. 그러나 세부 항목에서는 정부 부문의 효율성은 상승했지만 시장 부문, 즉 기업 경영 효율성이나 노사 관계 생산성 등은 여전히 후진성을 면치 못하고 있어 안타깝다. 특히 노사 관계 생산성은 2007년에도 조사 대상국들 가운데 꼴찌를 차지함으로써 '4년 연속 꼴찌'라는 불명예를 안게 되었다. 국가 경쟁력을 높이기 위해서도 노사 관계 선진화가 필수 과제란 이야기다. '노동 개혁이 없으면 성장도 없다'라는 OECD의 지적이 더욱 실감 나는 대목이다.

노조 문제가 산업 전반의 경쟁력에 어떤 영향을 미치는지는 세계 자동차 업계를 살펴보면 알 수 있다. 1990년대만 해도 전문가들은 세계 자동차 시장이 '빅 5'에 의해 재편되고 나머지 기업들은 결국 사라질 것으로 내다봤다. 그때에는 시장 점유율이 높던 제너럴모터스 (GM)와 포드가 당연히 높은 경쟁력을 유지하며 살아남을 것으로 여겨졌다. 반면 일본의 도요타는 생존 자체를 의심받았다.

하지만 10여 년이 흐른 지금의 상황은 전혀 다르다. 살아남을 수 없을 것으로 예상되었던 도요타는 세계 시장 점유율 1위로 올라가며 경쟁력을 자랑하는 반면, GM과 포드는 이빨 빠진 호랑이 신세로 전락하고 말았다. 불과 10년 만에 이처럼 자동차 업계의 판도가 뒤바뀐 데는 여러 가지 원인이 있지만, 그 가운데 '노조의 선택이 경쟁력의 차이를 가져왔다'는 분석이 특히 설득력을 얻고 있다.

도요타는 1950년 이후 한 번도 적자를 기록하지 않은 탄탄한 경영 실적을 보여 주고 있다. 더구나 이것이 두 차례의 석유 파동과 엔고 위기, 10여 년에 걸친 일본 경제의 불황을 딛고 이룩한 성과라는 점에서 높이 평가받는다. 2003년에는 순이익이 1조 엔을 넘어섰고 판매량도 매년 6%대 이상 성장을 이어 가는 중이다.

그 밑거름이 된 것이 바로 도요타 노사의 상생 경영이다. 도요타에서 노조 파업은 이제 옛 추억이 되었다. 도요타는 2002년부터 2005년까지 무려 4년 동안 임금을 동결했다. 그간 회사가 엄청난 순이익을 거두었다는 점을 감안하면 노조의 참을성이 대단하다고 할 수밖에 없다. 대신 회사와 노조는 한마음 한뜻이 되어 글로벌 경쟁에서 살아남기 위한 경쟁력 제고, 즉 미래형 자동차 개발의 길을 선택했다.

글로벌 경쟁에서 회사가 살아남아야 일자리도 유지되고 노조도 살아남을 수 있다는 판단에서였다.

도요타는 사상 최대의 실적을 달성한 2006년에야 5년 만에 1000엔의 임금 인상안을 발표했다. 1000엔이라니! 한국 돈으로 환산하면 약 8000원에 불과한 액수다. 2006년의 임금 인상조차도 직원들의 사기를 고려한 상징적인 조처였던 것이다.

반면 노조 파업의 심각한 후유증을 앓은 GM과 포드는 회사의 경쟁력이 심각하게 저하되면서 글로벌 시장에서 낙오될 위기에 처해 있다. 미국 최대의 자동차 업체인 GM은 1998년 엄청난 파업을 겪었는데 당시 생산 차질액이 무려 20억 달러에 달했다. 연간 50억 달러가 넘는 과도한 복지 비용도 GM의 발목을 잡았다. 강성 노조의 눈치를 보느라 복지 비용을 줄일 수도 없었는데, 파업으로 인한 손실액은 점점 더 늘어만 갔다.

급기야 2005년 GM의 신용 등급은 정크본드(junk bond) 수준으로 추락했다. 벼랑 끝에 몰린 노조는 그제야 명예퇴직을 수락하는 등 한발 물러섰지만 이미 회사의 경영 상태는 곪을 대로 곪아 터지기 일보 직전이었다.

포드 역시 2006년 사상 최대인 127억 달러의 적자를 내고 미국 내에서만 4만 4000명의 감원을 진행하고 있다. GM과 포드의 노사 문제와 경영 부진은 자동차 도시라고 불리는 디트로이트마저 황폐하게 만들었다. 수많은 하청 공장이 문을 닫으면서 디트로이트의 실업률은 미국 내 최고 수준인 7.8%까지 치솟았고 도시 인구도 5년 사이 20만 명이나 줄었다.

각기 다른 선택을 한 도요타와 GM 및 포드의 사례는 노조와 회사의 상생 자세가 기업 및 그 구성원의 운명에 얼마나 중요한 역할을 하는지를 잘 보여 준다. 만약 노조와 회사가 상생의 길을 찾지 못한 채 자기 이익만을 좇는 이기주의에 빠진다면 스스로의 존립마저도 위태로워질 수 있다.

현재의 파업 방식 역시 노조가 잘 생각해 볼 부분이다. 자신들의 의지를 관철시키더라도 가급적 회사의 손실을 최소화하는 전략적 선택을 해야 한다. 이에 대해서는 이탈리아 최대의 민간 항공사인 메리디아나 항공사의 파업을 참고할 만하다.

1999년 메리디아나 소속 여객기에 탑승한 승객들은 승무원의 소매에 하얀 리본이 묶여 있는 것을 발견했다. 그것은 항공사 직원들이 정상 운행을 하면서도 파업을 진행하는 '가상 파업(virtual strike)' 중임을 알리는 표시였다. 조종사와 승무원은 가상 파업에 참여한 시간만큼 급여를 받지 않는 대신 회사 측은 이 기간에 발생한 수익을 자선 단체에 기부했다. 승객과 회사의 피해는 최소화하면서 노조가 회사에 자신들의 의지를 알리는 수단으로 가상 파업을 선택한 것이다.

가상 파업이란 '생산 활동을 중단하지 않는 파업'을 말한다. 회사는 평상시처럼 돌아가지만 협상이 타결될 때까지 생산 활동에 따른 이윤은 포기한다. 가상 파업은 실제 파업과 마찬가지로 노사 모두 파업에 따른 고통(노조는 임금을, 회사는 수익을 포기)을 겪지만, 실제 파업과는 달리 고객이나 국민 경제에는 피해를 입히지 않는다.

메리디아나 항공사만이 가상 파업을 시도한 것은 아니다. 제2차 세계 대전 당시 미국 정부는 해군에 밸브를 납품하는 한 공장에서 노사 분규가 발생하여 군수품 조달에 차질을 빚자, 파업 기간 중 발생한 회사의 수익과 노동자의 임금을 분규가 해결될 때까지 몰수하는 방법을 썼다. 또한 메이저리그나 전미 아이스하키 대회 등의 노사 갈등에서도 가상 파업이 자주 사용된다. 비록 현실적인 어려움이 있기는 하지만, 병원이나 대중교통 등 공공 분야의 파업에 가상 파업을 적용하면 상당히 효과를 볼 수 있으리라 기대한다. 국가 경제에 차질을 빚지 않으면서 파업에 대한 정당성도 확보할 수 있기 때문이다.

한편 파업으로 인한 경제적 손실을 줄이기 위해서는 정부에서도 효율적인 대응 방안을 찾아야 한다. 영국과 뉴질랜드의 노동 시장 개혁 사례를 고찰해 볼 필요가 있다.

1970년대까지 영국은 노조 천국으로 불렸지만, 마거릿 대처 수상이 정권을 잡으면서 '법과 원칙'으로 전투적 노조를 무력화시켰다. 대처는 1979년 총선에서 '노조 천국을 극복해야 한다'고 국민에게 호소하여 노동당을 누르고 정권을 잡는 데 성공한다. 이후 11년 반

동안 다섯 차례에 걸쳐 고용법과 노동 관계법을 제정하거나 개정해 노조의 불법 파업을 봉쇄하는 토대를 마련했다. 불법 파업을 주도한 노조 간부에게 적용되던 면책 특권은 사라진 반면, 파업으로 피해를 본 시민은 손해 배상을 청구할 수 있게 되었다. 그 결과 영국의 노조 조직률은 1985년 50.5%에서 2000년에는 29.5%로 급감했다.

뉴질랜드의 제임스 볼저 수상도 노동 문제 개혁을 내세우며 정권을 잡아, 1990년 '경제 및 사회 개혁안' 을 발표했다. 이를 통해 사회 보장 지급을 축소하고 재정 지출을 삭감하는 정책 등이 추진되었고, 1991년에는 노동 개혁에 핵심적인 역할을 한 '고용계약법' 도 발표되었다. 뉴질랜드의 노조 조직률 역시 1985년 43.5%에서 1995년 21.7%로 21.8%포인트나 감소했다.

기업이 죽으면 노조 역시 존재할 수 없다. 회사가 망하고 나면 투쟁이든 파업이든, 상대할 수 있는 뿌리가 없어진다. 물론 노조의 목소리에 대해 회사 측이 더욱 진지하게 귀를 기울이는 열린 자세가 우선이다.

실상 우리나라 노조가 이렇듯 비타협적이 된 데는 그 나름의 이유가 있다. 역대 정권과 재계는 '노조' 라면 무조건 반대하며 배타적인 태도를 취했고, 때로는 폭압도 서슴지 않았다. 그 과정에서 수많은 노동자가 희생당하는 경험을 한 노조 입장에선 어쩔 수 없이 극단적인 형태의 파업과 투쟁 방식을 고수하게 된 측면도 없지 않다.

그러나 노사 관계를 대립이나 투쟁의 대상으로 바라보는 시각은 구시대의 유물이다. 노조도 신뢰를 바탕으로 한 회사의 경쟁력 확보에 사활을 걸어야 하고, 정부 역시 중간자적 역할을 충실히 수행해야 한다. 기업 또한 분식 회계, 편법 상속 등 반기업 정서를 부추기는 부정적인 행위를 끊고 투명한 경영 관리, 공정하고 합리적인 인사 관리에 최선을 다해야 한다.

지금은 '고용'과 '피고용' 관계라는 인식보다는 '일' 자체가 중요한 무한 경쟁 시대이다. 이러한 흐름은 이미 거스를 수 없는 대세가 되었다. 갈대가 그 유연함 덕분에 세찬 바람에도 꺾이지 않듯이 노사 관계도 유연성을 통해 글로벌 경쟁이라는 세찬 바람을 이겨 내야 한다.

아일랜드의 수도 더블린에는 파리의 에펠 탑보다 조금 더 높은 312미터짜리 스테인리스 구조물이 하나 있다. 이 탑은 아일랜드 정부가 영국보다 먼저 1인당 국민 소득 3만 달러 돌파를 자축하는 뜻으로 2003년에 세운 것이다. '아일랜드의 정신(Spirit of Ireland)'이라는 이름을 가진 이 탑은 1990년대 중반 이후의 빠른 경제 성장을 바늘처럼 솟구친 모양으로 형상화하고 있다.

1990년대 초반만 해도 서유럽의 후진국에 불과하던 아일랜드가 이처럼 눈부신 경제 성장을 이룬 바탕에는 1987년에 체결된 노·사·정 협약인 '국가 회복 프로그램(Program for National Recovery)'

이 있었다. 이를 시작으로 아일랜드 노·사·정은 3년마다 한 번씩 노사 대타협인 '사회 연대 협약(Social Partnership)' 을 채택하고 있다. 이 협약 이후 낮은 세금, 완벽한 인프라 등에 대한 기대감으로 외국 기업이 몰려들게 되었고, 덕분에 아일랜드는 유럽 국가 평균의 두 배가 넘는 성장률과 3~4%대의 낮은 실업률을 자랑하게 되었다. 그리고 마침내 2005년에는 1인당 국민 소득이 4만 달러를 넘어서며 명실상부한 유럽의 강소국으로 부상했다. 노·사·정 타협이 '유럽의 가난뱅이' 아일랜드를 '유럽의 신데렐라' 로 바꿔 놓은 것이다.

한강의 기적을 창조한 우리나라 역시 또 한 번의 도약을 위해서는 '한국의 정신(Spirit of Korea)' 을 실현해야 한다. 다행히 아직 희망은 있다. 몇몇 외국 기업은 공장을 철수하고 있지만, 반대로 한국 내에서 공장을 확장하는 기업도 있다. 헨켈코리아가 그렇다. 이 회사의 루트피 사장은 "강성 노조와 시위, 파업 등이 일반적으로 외국에 비치는 한국의 이미지이지만, 속을 찬찬히 들여다보면 한국과 한국인의 강점이 보인다. 부지런하고 성실하며 자부심 강한 한국 근로자의 장점을 잘 활용하면 한국에서 기업을 잘 운영할 수 있다"고 말했다.

1200여 년 전 우리는 동아시아의 허브였다

'허브 코리아' 가 되기 위해 버리고 챙겨야 할 것들

1200여 년 전 완도에는 신라인 장보고가 설치한 '청해진' 이라는 동북아 교역의 중심지가 있었다. 당시 청해진은 신라와 당, 일본을 잇는 항로의 중심이자 페르시아, 인도, 태국 등 동남아시아와 중국 동남부를 연결하는 동북아 항로의 연결 고리였다.

장보고는 청해진의 활성화를 위해 국가 간 교역의 가장 큰 걸림돌이던 해적을 소탕했다. 그는 드물게 국제적인 감각을 가지고 있었고, 조선술과 항해술, 통역 등에 필요한 인재를 국적을 가리지 않고 뽑아 썼다. 이미 동아시아 해상 무역에서 큰 역할을 담당하고 있었지만, 중국 산둥과 내륙 운하 지역 곳곳에 흩어져 있어 힘을 발휘하지 못하던 신라인들을 결집하여 글로벌 네트워크를 구축하기도 했다. 결국 신라인들은 자신들의 네트워크를 활용, 강력한 정보력을 지닐 수 있었다.

이 때문에 청해진에는 일본과 당나라의 상인들은 물론이고 멀리 아라비아와 페르시아 상인까지 드나들었다. 장보고 선단은 청해진이 가진 지리적 이점을 바탕으로 무역 업무뿐만 아니라 정부 간 무역 대행, 세 나라 정부의 공식 사절 안내, 여객 운송, 선박 건조와 수리, 통역과 선원 제공, 종교와 문화 지원, 실크와 청자 개발 무역 등 각종 상업 서비스와 문화 사업까지 수행했다. 오늘날의 주문자 생산 방식(OEM)을 도입해 상품의 생산, 판매, 배달까지 모든 과정을 일괄 처리하는 형태로 무역 거래를 하기도 했다.

당시 장보고가 가진 거의 절대적인 경쟁 우위는 눈에 보이지 않는 기술 덕분이었다. 그는 짧은 기간에 따라잡기 힘든 첨단 기술 기반 산업인 항해술, 조선술, 상거래술 등 핵심 기술을 지닌 지식 기반 산업의 창출자였다. 장보고는 이러한 기술적 강점과 신라인 네트워크를 효과적으로 활용하여 동아시아 무역의 패권을 거머쥐었다.

그리하여 청해진은 신라, 당, 일본 항로의 요충지로서 군사, 선단, 항만, 조선, 항해 전문가, 통역관, 종교 시설 등이 결집되어 군(軍)·산(産)·상(商)이 어우러지는 국제 자유 도시이자 동북아 물류 네트워크의 중심이 될 수 있었다. 1200여 년 전 장보고가 세운 청해진이 바로 21세기 대한민국이 비전으로 내세우는 동아시아의 허브이던 셈이다.

현재 우리나라는 급부상하는 중국과 경제가 다시 활기를 찾은 일본 사이에서 위기를 감지하고 있다. 지금까지 경제 성장의 원동력이던 제조업은 중국에 따라잡힐 신세이고, 기술 강국 일본은 더욱더 앞서 나가고 있기 때문이다.

산업기술평가원이 2006년 한국을 100으로 놓고 중국과 한국의 산업 기술 수준을 비교한 결과, 2002년에 72이던 중국이 80으로 나타났다. 산업자원부는 2010년이면 LCD 분야에서 중국과의 기술 경쟁력 격차가 1.7년, 산업 경쟁력 격차는 1년으로 좁혀질 것이라고 예측하기도 했다. 2006년 한국은 5%대에 겨우 턱걸이하는 경제 성장률을 기록한 반면, 같은 해 중국의 경제 성장률은 10.7%였다. 특히 그동안 한국 경제를 먹여 살린 화학, 철강, 조선, 자동차 등 제조업 분야는 중국이 바짝 추격하고 있어 따라잡히는 건 시간문제다. 제조업 중심의 성장 한계를 극복하고 새로운 성장 동력을 찾는 것이 시급한 이유다.

현재 한국인들이 가장 걱정하는 것은 '앞으로 10년간 무엇을 먹고살 것인가'이다. 대한상공회의소가 국내 기업 286곳을 조사한 결과 절반 이상인 54.5%가 3년 후 미래 수익원을 확보하지 못하고 있다고 답했다. 10년 뒤 먹고살 사업을 마련해 놓았는지 묻는 질문에는 불과 1%(3개 사)만이 그렇다고 답했다.

이처럼 국토의 크기나 자원, 인구 등 어느 방면에서도 뛰어난 것이 없는 국가를 어떻게 미래의 강대국으로 키울 것인가 하는 고민 속에서 나온 캐치프레이즈가 바로 '허브 코리아'다. 우리나라의 지정학적 이점을 활용해 아시아의 생산·투자·물류·금융·IT·R&D 거점 국가로 양성하자는 것이 허브 코리아의 핵심이다.

허브 국가로서 대한민국의 가능성은 한반도 지도만 잘 들여다봐도 알 수 있다. 한반도를 뒤집어 보면 태평양을 면한 동북아시아 경제권 중심에 위치한 우리나라의 지리적 위치가 더욱 확연해진다. 한국은 지리적으로 동북아시아 국가들의 중심에 위치하고 있다. 뿐만 아니라 미국, 중국, 일본, 러시아를 정치적, 경제적, 문화적으로 연결하는 대륙과 해양의 장점을 두루 갖춘 교통의 요지이다.

한국 경제를 위협하는 요소 중 하나인 중국 경제의 부상은 오히려 허브 코리아의 비전을 현실적인 것으로 만들어 주고 있다. 세계의 생산 공장인 중국과 세계 2위의 경제 대국인 일본 사이에 위치한 한국의 지리적 이점이 더욱 빛을 발하도록 만드는 것이다. 또한 우리나라는 이미 우수한 인적 자원, 높은 기술력 등 허브 국가에 필요한 요소들을 골고루 갖추고 있다. 정보 통신 분야는 세계 어디에 내놓아도 뒤지지 않을 정도이며, 특히 관련 인프라는 세계 최고 수준이다.

정보통신부가 2007년 3월 발표한 초고속 인터넷 가입 현황에 따르면, 서울 지역의 가구당 초고속 인터넷 가입률은 100%가 넘었다. 통계청 자료에 의하면, 전체 가구당 가입률은 89%, 휴대 전화 가입자 또한 83%에 육박하고 있다. 휴대 전화로 텔레비전을 시청할 수 있는

지상파 DMB 이용자 역시 400만 명에 달하는 것으로 한국전파진흥협회는 분석했다. 또한 우리나라는 휴대용 초고속 인터넷인 와이브로(WiBro)가 실시되는 IT 강국이다. 피터 드러커가 말했듯이 "40여 년이라는 짧은 기간에 24개가량의 산업에서 이미 세계 일류 수준에 도달할 정도로 세계 제1의 기업가 정신을 지닌 국가"인 것이다. 저명한 석학인 자크 아탈리 역시 "한국은 미래에 중요한 기술에서 선도적 위치를 점하고 있다"고 언급했다.

그뿐인가. 물류 허브를 감당할 만큼 국가 인프라도 탄탄하다. 연간 컨테이너 처리량 1200만TEU*로 세계 5위 항구인 부산항은 태평양과 유럽 항로의 중심이라는 최적의 입지 조건으로 중국의 환적(transshipment) 화물을 처리하는 주요 항구이다. 비용이나 항만 효율 면에서도 세계 유수 항에 뒤지지 않는 높은 경쟁력을 갖고 있다.

홍콩의 첵랍콕, 싱가포르의 창이 공항에 뒤지지 않는 설비를 갖춘 인천공항도 중국 북동부의 항공 물류 수요를 처리하는 중요한 공항이다. 인천공항은 아시아의 경쟁 공항들 중에서도 최상의 입지 경쟁력을 갖고 있다는 평가를 받는다. 비행 거리 약 세 시간 이내에 인구 100만 명 이상의 도시가 43개나 자리 잡고 있어, 인구 10억의 배후 도시를 갖춘 셈이다.

---

* 1TEU는 20피트 컨테이너 1개.

'허브 코리아'라는 목표를 향해 가는 길에서는 남북 분단 상황도 장애물이 되지 않는다. 남북 간 협조만 잘 이뤄진다면 현재의 남북한 철도망을 시베리아 횡단 철도(TSR), 중국 횡단 철도(TCR)와 연계해 세계 최대의 시장인 중국과 시베리아로 이어지는 길의 시작점으로 삼을 수 있다.

이렇게 바닷길과 하늘길뿐만 아니라 땅길까지 한반도가 아우른 다면 명실 공히 동북아 지역 물류 산업의 중심지가 될 수 있다. 물류의 중심지가 된다는 것은 비즈니스 중심지, 관광 중심지, 금융 중심지로 발전할 가능성도 크다는 의미이다.

허브 코리아를 꿈꾸는 우리가 맞이한 가장 큰 기회는 2007년 4월에 타결된 한·미 FTA이다. FTA는 협정을 체결한 국가 간에 상품 및 서비스 교역에 대한 관세 및 무역 장벽을 철폐함으로써 양국이 마치 하나의 국가처럼 자유롭게 상품과 서비스를 교역하도록 하는 것이다.

우리나라는 현재 칠레, 싱가포르, 유럽자유무역연합(EFTA) 소속의 4개 회원국과 FTA를 체결해 발효 중이다. 2007년 5월 국회에서 아세안(ASEAN) 8개국과 체결한 FTA가 비준, 발효되었으며 같은 달 유럽연합(EU)과의 FTA 협상도 개시되었다. EU에 이어 중국까지 나서면 굳이 우리가 손을 내밀지 않더라도 일본 측에서도 FTA 협상에 나설 것이다. 경제 특구에 수십조 원을 쏟아 붓는 것 이상의 투자 유인 효과가 일어나리라는 게 전문가들의 분석이다.

그러나 허브 코리아의 길이 평탄하기만 한 것은 아니다. 이미 오래전부터 싱가포르, 상하이, 홍콩, 인도, 태국, 말레이시아 등이 동북아 허브 지위를 차지하기 위해 치열한 경쟁을 벌이고 있으며, 이들은 현재 우리보다 한발 앞서서 뛰는 중이다.

인도의 방갈로르는 '제2의 실리콘 밸리'로 불리며 세계적인 IT 기업들을 끌어 모으고 있다. 세계적 혁신 클러스터 뒤에는 인력과 기술을 공급하는 우수한 대학이 버티고 있는 법이다. 인도에서는 세계 5위권 대학인 인도공과대학(IIT), 세계 3대 IT 교육 기관에 속하는 압테크(APTECH), 인도과학대학원(IISc) 등이 든든한 버팀목 역할을 하고 있다.

인도는 생명 공학 허브로도 급부상 중이다. 인도의 의약품 시장 규모는 생산량 기준으로 세계 4위이며, 금액 면에서도 8조 원에 달해 세계 13위를 차지하고 있다. 인도에는 세계적인 수준의 연구소가 42개나 있으며, 300여 개의 생명 과학 대학에서 연간 70만 명의 인력을 배출해 낸다. 저렴하고 우수한 인재가 인도의 경쟁력을 높여 주고 있다는 이야기다.

싱가포르는 420만 명의 인구에 국가 면적이 서울 면적에 그치는데도 동남아 중심이라는 지리적 이점을 활용해 전 세계 물류 및 금융 기업의 아시아 거점 지위를 누려 왔다.

여기에 그치지 않고 최근에는 지식 기반 산업 경제로 탈바꿈하기 위한 '원-노스(One North)' 프로젝트를 추진 중이다. 싱가포르가 자국의 미래를 걸고 추진 중인 이 프로젝트에는 싱가포르를 세계 바이오 중심지로 만들겠다는 의지가 담겨 있다. 이를 위해 150억 싱가포르달러를 투입할 계획인데, 외국 기업과 인재를 유치하여 IT 및 생명 공학 연구소가 결집된 바이오 R&D 허브를 구축하겠다는 것이다. 이미 글락소스미스클라인, 노바티스 등 세계적인 제약 회사의 R&D 센터가 입주해 있다. 싱가포르는 이 다국적 기업들에 최대한의 편의를 제공하기 위해 인프라는 물론이고 해외 기업에 대한 법인세 면제 혜택 등 적극적인 지원을 아끼지 않는다.

무엇보다도 싱가포르의 최대 경쟁력은 전체 국민의 80% 이상이 영어로 의사소통을 할 수 있다는 점, 그리고 유연한 고용 시스템과 높은 치안 수준, 세계 최고라고 인정받는 공무원들의 서비스 마인드 등에서 비롯된다.

허브 경쟁에서 그나마 후발 주자 격인 태국도 의료 허브를 목표로 치열한 각축전에 뛰어들었다. 태국은 2005년 한 해 동안 128만 명의 해외 의료 환자를 유치했는데, 이로 인한 부가 가치 창출액이 무려 8억 9000만 달러에 달했다.

태국의 의료 서비스 산업은 최대 서비스 산업인 관광 부문과 결합해 '의료 관광(medical tour)'이라는 새로운 산업을 탄생시켰다. 경쟁국인 싱가포르나 말레이시아와의 차별화를 위해 고령자 간호·간병 서비스 분야로 특화시켜 성공을 거둔 것이다. 주로 일본이나 미국 등지의 고소득 고령화층이 관광을 겸해 입국하는 것이 특징이다. 경쟁국에 비해 친절한 서비스와 가격 측면에서 비교 우위를 점하고 있다. 이에 태국은 수출진흥국, 관광청 등 정부 기관과 민간병원협회가 긴밀한 협조를 통해 의료 서비스, 스파, 마사지 서비스 등의 분야에서 2010년까지 아시아 의료 서비스의 중심지가 된다는 목표를 세웠다.

동남아 국가들의 약진에 비하면 한국은 아직 허브 국가로 도약하기에는 뒤처진 점이 많은 게 사실이다. 이미 갖고 있는 지리적·인적 조건과 인프라에 비해 진척도는 지지부진한 편이다. 정부가 동북아 물류 비즈니스 허브를 목표로 추진한 경제 자유 구역 사업은 2007년 기준으로 이미 3년째에 접어들고 있지만 별로 구체화된 것이 없다. 가장 중요한 고부가 가치 첨단 산업 및 외자 유치는 뒷전이고 부동산 투기에만 열을 올리거나 토지 보상 문제 등으로 갈등을 빚는가 하면, 지역 이권 다툼까지 생겨나고 있다.

정부는 동북아 허브를 위해 인천과 부산, 광양 인근을 경제 자유 구역으로 지정하고 인천은 IT와 BT 클러스터로, 부산·광양만권은 물류, 첨단 산업, 해양 레저 중심지로 육성한다는 정책을 펴고 있다. 그러다 보니 대덕 단지에서 30년 가까이 공들여 온 IT 벤처 단지로서의 위상이 실추되는 것 아니냐며 반대 운동이 일어나기도 했다.

각종 규제 또한 허브 코리아 전략에 걸림돌이 되고 있다. 인천은 고사하고 부산과 광양을 모두 합친 경제 자유 구역이 2006년 유치한 외자가 중국 상하이 푸둥 지구의 5%도 안 된다. 시대에 뒤떨어진 규제가 그 이유다. 외국 기업이 사업 승인을 받기 위해 17개의 인허가 절차를 밟는 데 9개월이나 걸린다고 하니, 과연 이것이 정말로 '필요한' 규제인지 아니면 '규제' 자체에 목을 매고 있는 형국인지 잘 생각해 봐야 한다. 우리나라 공항과 항만은 상하이나 홍콩에 비해 결코 뒤지지 않는 인프라를 자랑하지만, 까다로운 규제와 낮은 효율성 때문에 경쟁력에서 밀리고 있는 것이다.

관료들의 경직된 사고도 한 번쯤 생각해 볼 대목이다. OECD는 〈2007년 경제 리뷰-한국 편 초고〉에서 '부동산 대책, 수도권 규제 등 반시장적 정책을 철회해야 한국 경제가 좋아질 것'이라고 충고하고 있다. 수도권에 공장 설립을 제한하는 수도권 규제 정책은 한국의 동북아 허브 전략과 충돌한다는 지적이다. 아울러 싱가포르처럼 세제 혜택을 주는 것도 외국 기업을 유치할 수 있는 좋은 유인책이다. 외국 기업 유치에 높은 성과를 올리는 아일랜드 역시 다국적 기업에 파격적인 조세 감면 혜택을 주고 있다.

허브 국가의 핵심은 무엇보다도 사람이다. 돈이나 물리적 인프라도 중요하지만 사람이 몰려들어야 진정한 허브로 자리 잡을 수 있다. 그러나 대한민국은 거주 환경 측면에서도 외국인들에게 아쉬운 평가를 받는다. 2007년 1월 한국소비자보호원이 3개월 이상 수도권에 거주한 외국인 545명을 대상으로 국내 거주 외국인 소비 생활 실태를 조사한 결과, 물품 서비스를 구입하는 과정에서 불만족스러웠거나 피해를 봤다는 대답이 41%에 달했다. 피해 유형 중 33%는 바가지요금으로 인한 것이었다. 월세를 내국인보다 비싸게 적용하거나, 1~2년 치를 선불로 내라고 요구하는 경우도 있었다. 그 누구라도 이같이 열악한 주거 환경을 가진 나라에서 살고 싶지는 않을 것이다.

허브 코리아가 되기 위해서는 물적 · 지리적 인프라 못지않게 관대하고 포용력 넘치는 '허브 마인드', 즉 인정 넘치는 문화와 쾌적하고 공정한 서비스가 필요하다. 따라서 송도, 인천, 부산 등 한 지점만 허브 지역으로 한정 지어 생각하기보다는 국가 전체를 허브로 생각하는 국민적 개념 전환이 이뤄져야 한다. 몇몇 경제 자유 구역만으로는 중국으로 가는 해외 투자자들을 끌어들이기 어렵다.

또한 물류, 금융, IT, R&D 등 특정 산업뿐만 아니라 전 산업을 넘나드는 허브 산업을 구축해야 한다. IT 강대국의 장점을 최대한 살려 의료와 IT를 연계하는 의료 허브를 구축하는 것도 그중 하나의 방법이 될 것이다. 의료 허브 산업의 성장은 의료 분야를 넘어 관광, 쇼핑 등 연관 산업군에 긍정적인 파급 효과를 미칠 수 있다.

이미 한국은 미용 · 성형 분야를 비롯해 장기 이식, 치의술 등의 분야에서 세계 최고의 경쟁력을 갖추었다. 중국, 일본 등지에서 관광과 성형 수술을 목적으로 입국하는 관광객이 날로 증가하는 추세임을 감안하면, 한국이 가진 인프라에 정부의 정책적 지원만 뒷받침된다면 이 분야에서 허브로 자리 잡는 건 시간문제다.

창의적이고 열린 생각이 나라의 운명을 바꾼다. 1200여 년 전 장보고가 보여 준 자유롭고 국제적인 감각만 갖춘다면 대한민국이 동북아의 허브, 나아가 아시아의 중심 국가가 되는 것도 그리 요원한 일만은 아니다.

부끄러운 '세계 1위' 자리에서 내려와라

사회 안전망 확충, 더는 미룰 일 아니다

나라 전체를 고통의 도가니에 빠뜨린 1997년의 외환 위기는 한국 경제와 국민에게 많은 시사점을 던져 주었다. 절대 무너질 것 같지 않던 대기업을 비롯하여 수많은 기업이 부도로 문을 닫았고, 은행 역시 외환 위기의 칼바람에 쓰러졌다. 그로부터 10년, 다각적인 구조 조정을 통해 우리 산업은 나름의 생존 활로를 찾았다. 뼈를 깎는 아픔을 온 국민이 함께 견딘 덕분이다.

외환 위기의 소용돌이 속에서 우리가 마주쳐야 했던 슬픈 자화상 중 하나가 서울역 앞의 노숙자들이다. 다니던 회사가 문을 닫거나 경영하던 사업이 망해서 마땅한 일자리를 얻기가 하늘의 별 따기만큼 힘들어진 그 무렵부터 서울역 앞에 모이는 노숙자가 늘기 시작했다. 이전에는 200~300명에 불과하던 서울역 노숙자가 1999년 2000

명을 훌쩍 넘기는가 싶더니 이듬해인 2000년에는 노숙자 쉼터를 이용한 노숙자 숫자가 무려 4000명에 달할 정도였다. 2005년에 다시 2000여 명으로 줄었으나, 여전히 삶의 희망을 찾지 못한 채 거리를 배회하는 노숙자가 적지 않다.

그런데 외환 위기를 성공적으로 극복했다고 평가받는 지금, 만약 제2의 외환 위기가 닥친다면 어떨까? 서울역 앞에 노숙자가 더 늘어나지 않으리라 장담할 수 있을까? '그렇다' 고 대답하기가 쉽지는 않다. 아직까지 우리 사회는 최소한의 사회 안전망조차 구축되어 있지 못하기 때문이다.

사회 안전망이란 개인이 직장을 잃고 실업자가 된 뒤 노숙자 같은 사회적 무기력층이 되는 것을 막기 위해 정부가 최소한의 생계를 유지할 수 있도록 지원해 주는 제도를 말한다. 보다 넓게는 노령이나 질병, 실업, 산업 재해 등의 사회적 위험으로부터 국민을 보호하기 위한 제도적 장치를 의미한다.

사회 안전망이 제대로 구축되지 못한 데는 흡족한 재정적 지원이 뒷받침되지 못했기 때문이라는 분석이 많다. 실제로 OECD 국가들이 1인당 국민 소득 1만 달러에 도달한 시점의 사회 복지 지출 규모를 따져 보면 우리나라의 지출 규모는 매우 미흡했다. 1인당 국민 소득이 1만 달러를 돌파했을 때인 2001년 우리나라의 사회 복지 지출 규모는 GDP 대비 8.7%에 불과했고 국민 부담률 또한 24.1%로 낮았다. 2001년 OECD 국가들의 평균 국민 부담률이 GDP 대비 36.8%이고, 사회 복지 지출은 22.5%라는 걸 생각하면 한참 모자라는 수준이다.

주요 선진국 중에서 복지 후진국으로 꼽히는 미국조차도 GDP 대비 15%를 사회 안전망 구축에 사용한다는 점을 고려하면 우리나라의 현주소를 쉽게 파악할 수 있다. 복지 선진국으로 불리는 스웨덴, 프랑스와는 비교도 되지 않고 일본보다도 낮다.*

이 같은 수치는 결국 그동안 '낮은 조세 부담과 낮은 수준의 복지 서비스'가 맞물려 사회 복지 및 사회 안전망 구축이라는 문제를 국가적 차원에서 대응했다기보다는 국민이 개인적 차원에서 감당해왔다는 뜻이다.

외환 위기와 같은 국가적 어려움에 처했을 때 가장 먼저 곤경에 처하는 사람들이 바로 차상위 계층이다. 차상위 계층이란 소득이 최저 생계비**의 100~120%에 있는 잠재적 빈곤층을 뜻한다. 차상위 계층의 경우 사회적 위험이 조금만 커져도 빈곤층으로 떨어질 가능성이 높고, 이것은 다시 그들이 정상적인 경제 활동에서 벗어나 사회적 낙오자가 될 확률을 높이게 된다.

---

* 스웨덴, 프랑스, 일본 각각의 사회 복지 지출 규모는 28.9%, 28.5%, 16.9%였으며, 국민 부담률은 51.9%, 44.9%, 27.4%였다.
** 4인 가구 기준 월 113만 6000원.

현재 우리나라는 심각한 저출산 및 고령화로 갈수록 인구가 줄고 있다. 그런데 근로 의욕이 있고 생산 활동이 가능한 인적 자원을 구제할 최소한의 장치조차 없어, 궁극적으로는 성장 동력의 한 축을 잃게 될 수 있다. 따라서 기초적인 사회 보장의 사각지대에 놓이는 사회 구성원을 가능한 한 줄이는 한편, 그들이 기본적인 생활을 유지할 수 있도록 사회 안전망을 손질해야 한다. 일자리 창출 및 인적 자원 보전 정책과 함께, 어쩔 수 없이 존재하는 취약 계층을 보호해 주는, 보다 촘촘한 사회 안전망을 마련해야만 국가의 지속 성장이 가능하다.

사회 안전망 구축은 소득의 재분배라는 측면에서도 중요한 의미를 지닌다. 갈수록 벌어지는 소득 격차를 해소하기 위해서는 저소득층의 소득을 어느 정도 수준까지 보전해 주는 제도적 장치가 필요하다. 소득에 따른 적절한 세금 부담을 통해 소득 불균형을 완화해야 하는 것이다. 선진국에 비해 상대적으로 높은 한국의 빈곤층 비율을 감안하면 소득을 효율적으로 재분배하지 않는 한 사회적 약자는 계속해서 약자일 수밖에 없고 부자는 더욱 큰 부자가 되어, 계층 간 갈등과 마찰을 불러올 수밖에 없다.

이와 관련해 자크 아탈리는 "소득이 많은 사람들에게서 세금을 더 거둬들여 실업 급여를 강화하고 비정규직 보호 장치를 확충하는 등 사회 안전망을 다듬는 것이 한국이 근대화 과정에서 생겨난 문제를 푸는 대안이 될 수 있다"고 조언했다. 물론 국가가 사회 복지 비용을 부담하는 데 따르는 부작용도 있다. 프랑스와 이탈리아에서는 잘 갖춰진 사회 복지 제도가 오히려 근로 의욕을 떨어뜨려 높은 실업률과 경기 부진을 낳기도 했다.

하지만 덴마크의 상황은 좀 다르다. 덴마크는 소득의 50%를 세금으로 걷어 국민에게 많은 복지 혜택을 베풀고 있지만, 여전히 3%가 넘는 경제 성장률에, 실업률도 고작 4%대에 머무른다. 〈USA 투데이〉는 덴마크의 성공 비결이 '유연한 안정성'에 있다고 분석했다. 유연한 안정성, 즉 플렉시큐리티(flexicurity)는 유연성(flexibility)과 안전성(security)을 결합한 용어로, 노동 시장의 유연성을 유지하면서도 사회 안전망을 확충한 덴마크만의 독특한 경제 모델을 상징적으로 표현한 것이다.

덴마크는 여느 유럽 국가들과는 달리 기업들이 자유롭게 근로자를 해고할 수 있다. 때문에 덴마크에서는 매년 직장을 옮기는 근로자가 전체 노동 인구의 30%에 달한다. 대신 덴마크 정부는 근로자가 해고될 때 이전 급여의 90%를 보상해 준다. 다만 실업 급여를 받을 수 있는 기간을 평생 동안 총 4년 정도로 제한하고 있다. 또 정부가 제공하는 일자리를 특별한 이유 없이 거부할 경우에는 실업 급여를 지급하지 않는다.

여기에 직업 능력 향상을 위한 무료 교육과 직무 능력 훈련을 대

폭 강화해 일자리를 보다 쉽게 찾도록 돕는다. 해고 등을 포함해 기업의 자유로운 경영 활동을 보장해 주는 한편, 근로자에게는 사회 안전망을 통해 최저 생계를 보장해 주고, 그들이 다시 사회 구성원으로 편입될 수 있는 기회를 제공해 준다. 정부가 기업과 근로자 간 조정자 역할을 효과적으로 수행하고 있는 셈이다.

우리나라도 저출산과 고령화에 따른 인적 자원 고갈이라는 위기를 지혜롭게 극복하기 위해서는 사회 안전망 구축이 시급하다. 우선 국민적 공감대를 형성할 수 있는 사회적 합의가 필요하므로, 정부는 뚜렷한 정책 목표를 제시하고 우선순위를 정해야 한다. 이를 통해 정부와 국민, 사회 각 집단이 분담해야 할 고통에 대한 인식을 공유해야 하며, 양보와 협력을 통해 사회적 구속력을 얻어 내려는 노력도 뒤따라야 한다. 소요 재원 마련 방안에 대한 합의와 분담도 중요한 문제인데, 공적 재원을 기반으로 마련하되 기업 등 민간 자원을 활용하는 방안도 병행 추진할 필요가 있다.

통계청 자료에 따르면, 2005년 우리나라의 자살률은 인구 10만 명당 26.1명으로 나타나 OECD 국가 중 1위라는 불명예를 안았다. 노인 자살률 역시 세계 1위다. 국민이 평가하는 삶의 만족도 역시 1점 만점에 0.45점에 불과하다. 삶의 만족도 조사에서 꼴찌를 기록한 헝가리(0.39점)와 함께 세계 최하위권에 속한다. 가장 높은 네덜란드(0.90점)나 OECD 평균(0.69점)과 비교하면 아주 낮은 수치다. 국민의 절반 이상이 현재의 삶에 만족하지 못한다는 뜻이다.

이러한 조사 결과는 사회 안전망이 제대로 구축돼 있지 않다는 반증이기도 하다. 최저 수준의 생활도 보장받을 수 없는, 기댈 곳 없는 한국 사회에서 희망을 이야기한다는 것은 사치나 다름없다. 최소한의 사회 안전망 확보가 절실한 이유가 여기에 있다. 굳이 이것이 '동반 성장을 위한 전략'이라는 거창한 명제를 꺼내지 않더라도 말이다.

또 다른 루비콘 강을 건너는 사람들

고용 능력을 키워야 사회가 건강하다

간혹 서울역 앞을 지날 때면 노숙자들에게 무료 급식을 해 주느라 분주한 자선 단체 사람들을 목격하곤 한다. 무료 급식을 해 주는 봉사자들의 손길에 마음이 훈훈해지면서도 한편으론 정작 노숙자들에게 필요한 것은 이런 게 아닌데 하는 생각도 든다. 그들의 미래를 위해 더 절실한 건 한 끼의 무료 급식이 아니라 돈을 벌 수 있는 일자리가 아닌가 싶은 것이다.

희망을 잃고 실의에 빠진 한 사람의 자립을 위해서는 물고기를 그냥 주는 것보다 '물고기 잡는 법' 을 가르쳐 주는 게 더 현명함을 누구나 알고 있다. 한 끼 식사는 주린 배를 잠깐 채워 줄지언정 노숙자 생활을 벗어나는 데 필요한 '삶의 식량' 을 채워 주지는 못할 테니까.

미국 샌프란시스코 주에서는 한 끼 식사가 아니라 삶의 식량을 채워 주기 위한 방편의 하나로 '루비콘 프로그램'을 운영하고 있다. 장애인과 장기 실직 노숙자들에게 일자리나 직업 훈련 기회를 제공하는 이 프로그램은 초창기에는 종묘 소매업을 하다가 수익이 마땅치 않자 조경으로 사업 영역을 바꾼 뒤 베이커리 사업에까지 진출했다.

1973년 설립된 루비콘 사는 2003년 한 해에만 800여 명에게 직업 훈련을 제공했고, 이 중 400여 명이 루비콘 베이커리와 루비콘 조경에서 일자리를 얻었다. 2002년에는 사업 수입과 정부 보조금, 기부금 등을 합쳐 총수입이 1250만 달러에 달했다.

루비콘 프로그램은 로마 황제 카이사르가 건넜다는 루비콘 강에서 이름을 따왔다. 원정을 나간 카이사르가 강대해져서 돌아오는 것을 경계한 원로들이 그를 제거하려 하자, 이를 알게 된 카이사르가 과감히 군대를 돌려 루비콘 강을 건넜고, 로마에 입성해 권력을 잡았다. 그 유명한 '주사위는 이미 던져졌다'라는 말은 카이사르가 이때 루비콘 강을 건너면서 한 말이다. '되돌릴 수 없는 일을 했다'라는 뜻을 함축한 '루비콘 강을 건넜다'라는 말에서 딴 '루비콘'이 노숙자와 장애인들의 삶을 '되돌리는' 프로그램 명에 역설적으로 사용된 셈이다.

외환 위기 이후 급격히 늘어난 실직자와 노숙자 문제는 '빈부 격차 심화'라는 사회적 문제로 이어지고 있다. 한번 실직자가 되어 빈곤층 신세로 전락하면 일자리 찾기가 더욱 힘들어져 빈곤의 악순환에서 벗어나기가 어렵다. 그래서 정부 기관이나 사회단체들은 빈곤층으로 전락한 이들이 최소한의 소득을 얻어 생계를 유지할 수 있도록 '사회적 일자리'를 마련해 주려는 노력을 다양하게 전개하고 있다. 일반인에게는 다소 생소한 개념인 사회적 일자리를 보다 쉽게 이해하려면 공공 근로나 취로 사업을 떠올리면 된다. 앞서 소개한 미국의 루비콘 프로그램 역시 사회적 일자리를 찾아 주기 위한 시도 중하나다.

원래 '사회적 일자리'라는 용어는 1990년대 유럽에서 저소득층의 장기 실직이 문제가 되면서 등장한 것으로, '사회적 경제(social economy)' 또는 '사회적 기업(social enterprise)'이라는 말과 거의 같은 맥락에서 쓰이고 있다.

우리나라에서는 고용 없는 성장과 저성장 기조에 따른 소득 격차 확대를 막기 위해 빈곤층을 대상으로 한 사회적 일자리 제도가 시행되고 있다. 이에 따라 2004년에는 4만 7000여 명이, 2006년에는 13만 4000여 명이 그 혜택을 입었다.

사실 사회적 일자리는 상당히 복합적인 효과를 가져올 수 있다. 최저임금연대가 2007년 6월에 실시한 〈2007년 최저 임금 실태 조사〉에 따르면, 최저 임금을 받는 노동자들은 월평균 80만 5000원(정규직 101만 원, 비정규직 78만 6000원)을 받는 것으로 나타났다. 이는 2007년 3월 통계청의 경제 활동 인구 부가 조사 결과 나타난 평균 임금 172

만 원(정규직 238만 원, 비정규직 120만 원)의 절반에도 미치지 못하는 수준이다. 하지만 이런 일자리조차 얻지 못해 기초 생활 보장 제도의 사각지대에 놓인 극빈층이 적지 않다는 게 더 큰 문제다.

사회적 일자리는 바로 이런 소외 계층이 최소한의 소득이라도 취할 수 있도록 마지막 비상구 역할을 한다. 또한 사회적 일자리는 육아나 간병 등이 필요하지만 돈이 없어서 관련 서비스를 받을 수 없는 취약 계층에게 복지 서비스를 제공하는 역할도 하고 있다. 다시 말해 일자리를 필요로 하는 실직 계층은 보모나 간병인 일자리를 통해 소득을 얻을 수 있고, 이런 서비스를 필요로 하는 빈곤층은 큰돈 없이도 관련 서비스를 제공받을 수 있는 것이다.

그렇다고 해서 사회적 일자리가 장점만 갖고 있는 것은 아니다. 사회적 일자리는 민간 기업이 하기에는 이해타산이 맞지 않지만 사회적으로는 꼭 필요한 서비스 위주의 활동으로 이뤄지게 마련이다. 정부가 기초 재원을 부담하고 운용은 정부 기관이나 비영리 민간 단체가 맡아서 하는 식이다.

그러다 보면 자칫 '일자리의 양적 확대'는 가능하나 '양호한 일자리 창출'로 이어지지 못할 수 있다. 즉 '사회적 일자리'가 빈곤층에게 일시적인 소득을 제공하는 수단은 되지만 지속적으로 소득을 창출해 주는 양질의 일자리는 되지 못할 수 있다는 의미다. 결국 사회적 일자리 역시 기존의 공공 근로 사업처럼 저임금 단순 근로만을 양산하는 제도로 전락할 가능성이 있다. 그래서 일부에서는 '사회적 일자리가 삼류 일자리를 양산해 빈곤층이 양질의 일자리로 이동하는 통로를 막고 있다'는 비판을 내놓기도 한다. 이 같은 우려가 '사회적 일자리 창출에 앞서 기본적인 소득 보장 체계가 강화되어야 한다'는 견해로 표출되기도 한다.

사회적 일자리 자체의 특성으로 인해 발생하는 문제점도 있다. 사회적 일자리 업체들은 공공 부문으로부터 사업비와 인건비의 전부 또는 일부를 보조받는다. 이로 인해 사회적 일자리 업체가 제공하는 서비스와 비슷한 사업을 민간이 운영하고 있을 경우 충돌이 불가피하다. 결국 사업비와 인건비를 지원받는 사회적 일자리 업체가 경쟁에서 유리할 수밖에 없고, 이것이 민간 기업의 생존에 치명적인 영향을 끼칠 수 있다.

게다가 사회적 일자리 업체와 유사한 서비스를 제공하는 민간 기업 대부분은 영세 자영업자들이어서 소외 계층을 구제하기 위해 만들어진 사회적 일자리 업체들이 이들을 또 다른 소외 계층, 즉 사회적 일자리의 수급 대상자로 전락시키는 어이없는 상황이 발생할 개연성도 높다.

사회적 일자리의 대부분을 여성 인력이 차지한다는 것도 문제점으로 지적되곤 한다. 실제로 2004년에 실시한 복지 간병이나 재활용, 급식, 학교 청소 등 사회적 일자리 사업을 살펴보면 전체 참여자 중 여성 인력이 차지하는 비율이 무려 84%에 달했다.

사회적 일자리가 제공하는 서비스의 특성상 여성 인력이 적합할 수도 있지만 대부분의 사회적 일자리가 여성 인력으로 채워지고 있다는 것은 여성 유휴 노동력을 위한 양질의 일자리가 그만큼 만들어지지 못하고 있다는 반증이다. 이에 대해 여성 단체들은 사회적 일자리들이 대부분이 1년 미만의 단기적인 것들이고 그나마도 20만~80만 원의 저임금이어서 결과적으로는 근로 빈곤층을 양산하거나 여성 비정규직을 확대한다고 지적한다.

이런 문제점에 따라 최근에는 사회적 일자리에서 한 단계 진화한 형태인 사회적 기업에 관심이 쏠리고 있다. 사회적 일자리가 아직 기업의 형태로 발전하지 못하고 공공 근로의 형태를 띤 자활 프로그램이라면, 사회적 기업은 공공 서비스를 제공하면서도 수익을 창출하는 기업이라는 점에서 차이가 난다. 또한 남녀노소 누구에게나 고루 일자리를 제공할 수 있도록 다양한 기업 형태가 존재한다는 면에서도 장점을 보여 준다.

다만 사회적 기업은 어떤 면에서는 상반되는 두 가지 목적을 동시에 추구해야 하는 탓에 성공하기가 쉽지 않다. '기업으로서의 이윤 창출'과 '사회적인 공공 서비스 제공'이라는 공존하기 어려운 두 가지 가치를 모두 충족시켜야 하기 때문이다. 두 마리 토끼를 함께 쫓기란 결코 쉬운 일이 아니다.

하지만 비즈니스 마인드와 틈새를 공략하는 튀는 아이디어를 갖춘 리더, 일하려는 의지를 가진 성실한 구성원들이 힘을 합쳐 '수익 창출'과 '사회적 서비스 제공'이라는 두 가지 목표를 이룬 사례들도 없지는 않다. 앞서 소개한 '루비콘 프로그램'이 그 일례이다. 이는 단순한 사회적 일자리 제공 차원을 넘어 장애인과 장기 실직자, 노숙자 등에게 안정적인 일자리를 보장해 주는 사회적 기업인 셈이다.

현재 미국에는 영화 배우 폴 뉴먼이 운영하는 샐러드 회사인 '뉴먼스 오운', 노숙 청소년들에게 교육과 취업의 기회를 제공하는 '주마 벤처스', 저소득층 가정의 정보 격차를 줄여 주기 위한 컴퓨터 재활용 사업체 '퍼 스콜라스' 등의 사회적 기업이 다양한 사업을 펼치고 있다. 그리고 이들의 모토는 바로 '빵을 팔기 위해 고용하는 것이 아니라 고용하기 위해 빵을 판다'는 것이다.

최근에는 우리나라에서도 경쟁력 있는 사회적 기업을 만들기 위한 자발적이고 적극적인 시도가 이루어지고 있다. 노숙자들이 주축이 되어 운영되는 두부 제조 업체 '짜로사랑', 결식 아동을 위한 도시락 제조 업체 '사랑의 손맛', 간병사들이 직접 만든 간병 업체 '약손엄마', 일용직 노동자들이 세운 'CNH종합건설' 등이 그것이다.

하지만 이들이 가야 할 길은 아직도 멀다. 사회적 일자리를 지속 가능한 양질의 일자리로 이어 갈 만한 자양분도, 사회적 기업의 필요성에 대한 인식도 부족한 탓이다. 때문에 사회적 일자리를 사회적 기업으로 진화 발전시키기 위한 정책적·제도적 뒷받침에 대한 논의가 슬슬 수면 위로 떠오르고 있다. 아울러 일정한 자격 요건을 갖춘 시민 단체나 협동조합 등을 사회적 기업으로 인증해 지원하는 '사회적 기업 인증 제도'에 대한 여론도 모아지는 추세다.

사회적 일자리가 빈곤층을 위한 일시적인 진통제 역할에서 벗어나기 위해서는 다양한 업태의 사회적 기업이 더 많이 생겨나야 하고, 정부 차원의 관심과 지원이 병행되어야 한다. 그렇지만 무엇보다 중요한 것은 양질의 일자리를 늘리려는 노력이 사회 전체로 확산되는 일이다. 즉 직업 교육을 통한 개인의 취업 능력뿐 아니라 우리 사회 전체의 고용 능력을 높이는 작업이 선행되어야만 한다.

공공 부문, 혁신의 속도를 높여라

'고객 중심의 정부'로 끊임없이 거듭나라

세계적으로 인정받는 기업들의 공통점은 '끝없는 자기 혁신'이었다. 세계 3대 경영학자 중 한 사람으로 꼽히는 톰 피터스는 말했다.

"기업의 최고 책임자를 일컫는 CEO란 말은 이제 최고 파괴자(CDO; Chief Destruction Officer)로 바뀌어야 한다. 지금까지의 잘못된 경영 관행을 파괴해야 하기 때문이다. 기존 사고의 틀에 얽매인 구태의연한 방식으로는 변화와 혁신의 소용돌이를 헤쳐 나갈 수 없다."

물론 여기서 '파괴'란 과거의 잘못된 관행이나 제도를 새로운 것으로 교체한다는 의미에서 '창조적 파괴'이다. 즉 기존의 장점까지 파괴하자는 것이 아니라 시간의 연속성을 갖고 기존의 장점을 잘 살리면서 단점만 고쳐 나가자는 전략이다. 이것이 바로 '혁신'이다.

혁신이라는 두 글자가 우리 기업과 조직의 화두로 떠오른 지도

꽤 되었다. 이제 기업에 있어서 혁신은 선택 사항이 아니라 생존을 위한 필수 과정이다. 제품 혁신, 공정 혁신, 조직 혁신, 경영 혁신 등은 글로벌 무한 경쟁에서 살아남기 위해 기업들이 기본적으로 실천해야 할 핵심 전략이다. 혁신에 성공한 기업은 경쟁력을 갖추어 성장 가도를 달리지만 그렇지 못한 기업은 뒤처지거나 도태된다.

개인 역시 마찬가지다. 치열한 경쟁 사회에서 남들보다 더 앞서 가고자 하는 사람들에겐 끊임없는 자기 변신이 요구된다. 직장인들이 영어 학습이나 특기 활동에 열심인 것도 따지고 보면 자기 혁신을 통한 사회적 생존력을 높이려는 수단 중 하나다.

기업이나 개인의 혁신이 소프트웨어적인 변신이라면 이를 뒷받침해 주는 시스템의 역할을 맡고 있는 정부나 공공 기관의 혁신은 하드웨어적인 변신이라 할 수 있다. 소프트웨어가 아무리 발전해도 이를 뒷받침해 줄 하드웨어가 제 역할을 하지 못한다면 소프트웨어가 제 기능을 발휘할 수 없다. 예를 들어 아무리 화려한 그래픽이나 동영상을 지원해 주는 소프트웨어가 출시된다고 해도 이를 구현해 줄 하드웨어가 286비트나 386비트 수준이라면 프로그램이 제대로 돌아갈 리 만무하다. 이 때문에 민간 부문의 혁신만큼 이를 뒤에서 지원해 주는 공공 부문의 혁신도 중요하다.

하지만 공공 부문의 혁신은 말처럼 쉽지 않다. 기업의 혁신은 매출과 이익 증대, 시장 점유율 증가라는 눈에 보이는 결과를 가져오고 이에 대한 합리적인 보상이 따르기에 구성원들에게 혁신에 대한 동기 부여를 하기가 상대적으로 쉽다. 반면 정부 및 공공 부문은 혁신에 참여한 사람들 각자에게 직접적인 혜택이 돌아가기 힘들다는 단점 때문에 동기 부여가 어렵다. 또 기업들처럼 치열한 생존 경쟁에 놓여 있지 않고 어느 정도 독점적 지위를 누려 왔다는 점도 공공 부문의 혁신을 어렵게 만든다.

이에 대해 앨빈 토플러는 "기업이 100마일로 변화하고 있다면 시민 단체는 90마일 정도로 움직인다. 가족 구조는 60마일, 노동조합은 30마일 정도의 속도로 변화하고 있다. 반면 관료 조직의 변화 속도는 25마일에 불과하다. 이 때문에 민간 부문의 변화를 공공 부문이 따라가지 못해 거의 모든 국가의 정부가 약간의 문제점을 안고 있다"고 지적하기도 했다. 정부나 관료 집단이 기업 발전을 위한 토대를 제때에 제공하지 못해 기업의 발목을 잡고 있다는 이야기가 나오는 것도 따지고 보면 '혁신의 속도' 차이가 가져온 부산물이다.

정부나 공공 부문의 혁신이 민간 부문보다 느리며 힘들다고는 해도 민간 부문의 발전을 위해 필수적 요인인 것만은 분명하다. 특히 갈수록 '군림하는 정부'가 아닌 국민이나 기업에 만족을 제공하는 '고객 중심의 정부'가 되어야 할 필요성이 강하게 제기되며, 그것이 정부 혁신의 종착역으로 여겨지고 있다.

정부 부문의 혁신이 성공을 거두려면 관료 집단의 혁신이 선행되어야 한다. 흔히 건물의 외관을 새롭게 단장하는 리노베이션이 건물 가치를 높이는 수단으로 활용되듯이, 정부 내 관료들 역시 각 부처를 하나의 건물처럼 생각해 어떻게 하면 그들의 시장 가치를 높일 것인가를 고민해야 한다. 내부로부터의 혁신이 절대적인 선결 요건인 것이다. 물론 혁신은 기존의 것을 그대로 답습하는 것에 비하면 매우 불편하고 많은 노력이 요구된다. 그렇지만 새롭게 바꾸는 과정이 힘들 뿐 바꾸고 적응하면 더 큰 효율성과 편리성을 얻을 수 있다.

다행스럽게도 2007년 스위스 IMD의 국가 경쟁력 평가에선 우리나라의 정부 효율성이 2006년 41위에서 31위로 열 계단이나 상승했다. 하지만 여전히 55개국 가운데 중위권을 맴도는 수준이다. 더욱이 우리보다 앞서 가는 선진국들은 오늘도 정부 혁신의 기치를 높인다. 선진국은 물론 개도국들까지도 정부 혁신을 정책 운영의 우선적인 어젠다로 내세우며 치열한 혁신 경쟁을 벌이고 있다.

동남아 국가 중에는 2000년 전자 정부 실행 계획(eGAP)을 발표한 싱가포르가 특히 눈에 띈다. 스위스 IMD 국가 경쟁력 평가에서 세계 2위를 차지한 싱가포르 정부는 공공 부문의 조직 효율성을 높이고, 국민이라는 고객을 상대로 가장 효율적인 서비스를 제공하기 위해 인터넷 정보 기술을 접목, 추진력으로 활용했다. 이에 따라 전자 형태로 처리 가능한 공공 서비스의 98%를 온라인으로 처리하고 있다.

또한 1999년 4월에 시작된 국민 포털(eCitizen portal)은 정부의 모든 정보와 서비스에 단일한 접점을 제공하고 있다. 나아가 각 정부 부처의 경계를 넘어 'e-도시(e-Towns)'라는 가상의 공간을 만들어 관련 업무가 가장 많은 부처의 수장이 e-도시의 수장이 되는 가상 도시를 만들었다. 현재 문화·스포츠·여가, 국방 및 안전, 교육과 학습 및 고용, 가족 및 지역 사회 발전, 보건 및 환경, 주택, 교통 및 여행 등 7개의 가상 도시가 구축되어 있다. 또 e-도시를 총괄하는 전자국민협의회(eCitizen Council)가 있어서 모든 가상 도시의 전략적 방향과 공동 지원도 제공한다. IT 기술을 활용한 싱가포르 정부의 이 같은 구상은 IT 강국이라 불리는 한국에도 충분히 참고가 될 만한 모델이다.

통일 이후 심각한 경제난을 겪는 독일의 정부 혁신도 눈여겨볼 필요가 있다. 독일은 자국의 경제가 장기 부진에서 벗어나지 못하는 것이 경기 순환적 요인보다는 경제 구조의 취약성에서 기인한다고 판단하고 정부 부문의 대대적인 혁신에 나섰다.

이에 따라 2003년 노동 시장의 유연성 제고와 사회 보장 제도 개혁, 세율 인하 및 세제 개혁, 관료주의적 규제 철폐 등의 구조 개혁 방안을 담은 〈어젠다 2010〉을 발표했다. 특히 관료주의 철폐를 주 목표로 삼고 불필요한 법규 및 행정 지침 간소화 등을 통해 친기업 및 친국민적 법규 제정을 추진하고 있다. 아울러 13개 긴급 프로그램을 추진하기로 하고, 이를 위해 각 연방 부처에 관료주의 철폐를 위한 실무 팀을 구성하여 운영 중이다. 13개 긴급 프로젝트란 각종 연방법의 재검토 및 간소화, 정부 통계 간소화, 기업의 통계 부담 경감, 전자 정부 추진, 전자 의료 카드 도입, 의약품 전자 상거래 도입, 창업 및 소기업 지원 대책, 수공업 관련 법규 개혁, 기업 회계 의무 한도 상향 조정 및 회계 표준화, 공공 사업 입찰 관련 규정 간소화, 소득세 처리 절차 현대화, 공공 부문 단체 협약 개혁, 사회 보장 관련 신고 시스템 개선 등을 말한다.

이 밖에도 영국이나 프랑스, 심지어 정부 효율성 측면에서 세계 최고라고 평가받는 덴마크 역시 정부 혁신의 채찍질을 멈추지 않은 채 달려 나가고 있다.

혁신이 상시화된 오늘날, 정부와 공공 부문의 혁신 없이 국가 경쟁력 향상을 기대하는 것은 어리석은 일이다. 혁신을 단지 선택 사항으로 여기며 늑장을 부리다가는 결국 비효율적인 정부로 인해 기업 경쟁력까지 낮아질 수 있다. 그러나 혁신은 순간의 반짝 노력으로 이뤄지는 것이 아니다. 끊임없는 반복과 내재화만이 좋은 결과를 맺는다.

혁신이 부를 이루는 가장 현명한 방법이라는 점을 기업만큼 정부 차원에서도 강력하게 인식해야 한다. 하지만 변화의 필요성을 인식한다고 해서 저절로 되는 것은 없다. 변화의 주체로 나서야 한다. 혁신은 남이 아닌 나를 변화시키는 것이므로 부진의 원인을 다른 데서 찾지 말고 스스로에게 거듭 반문해야 한다.

4

미래의 힘,
사람에게 달렸다

'사람에 대한 투자' 야말로 국가의 성장 엔진을 끊임없이 돌려 줄 마르지 않는 에너지원이다. 지
금 우리가 살고 있는 디지털 시대는 총이나 칼이 아닌 머리로 싸우는 '두뇌 전쟁'의 시대이다.
결국 창조적이고 뛰어난 인재에 대한 투자와 육성이 한국의 미래 경쟁력을 좌우한다 하겠다.

Vision
Korea

빨리 가려면 혼자 가고, 멀리 가려면 함께
가라.

— 아프리카 속담

더 많은 '황의 법칙'을 만들기 위하여

기업 및 국가 경쟁력의 핵심은 인재

"2~3세기 전에는 10만 명, 20만 명이 군주와 왕족을 먹여 살렸지만 지금은 천재 한 사람이 10만 명, 20만 명을 먹여 살리고 있다."

1995년 삼성그룹 이건희 회장이 인재의 중요성을 강조하면서 한 말이다. 이른바 '천재론'이라고 불리는 이 같은 철학은 창의적이고 뛰어난 핵심 인재 한 사람이 개별 기업, 나아가 국가의 미래를 좌우할 수 있음을 강조한 것이다. 과거 일본이나 미국의 앞선 기술을 베끼기에 열중하던 삼성그룹이 지금과 같은 초일류 기업으로 우뚝 설 수 있던 것도 핵심 인재에 대한 관리와 발굴을 게을리 하지 않은 덕분이다.

삼성전자를 반도체 분야에서 세계 1위로 올려놓은 중심에는 황창규 사장이 있다. 한 사람의 인재가 얼마나 놀라운 일을 할 수 있는

지를 입증한 황 사장 역시 이 회장의 인재 중시 철학이 빚어낸 결과다. 미국 매사추세츠 대학에서 박사 학위를 받고 미국의 대학과 기업에서 활동하던 황 사장은 삼성 측의 간곡한 설득으로 한국행을 결정했다. 당시 황 사장은 삼성을 선택한 이유에 대해 "반도체 분야에서 일본을 앞지르고 싶은데 삼성에서는 그런 의지를 실현할 수 있을 것으로 믿는다"고 설명했다. 결국 황 사장은 세계 최초로 256MD램을 개발해 일본을 앞질렀고 '황의 법칙(메모리 신성장론)'을 창조하며 세계 반도체 업계를 선도하고 있다.

2002년 국제 반도체 회로 학술 회의에서 발표한 '황의 법칙'은 반도체 메모리의 용량이 1년마다 두 배씩 증가한다는 이론이다. 이는 인텔 사의 공동 설립자인 고든 무어가 주장한 '무어의 법칙'*을 깬 것으로 오늘날 삼성전자가 반도체 분야에서 세계적인 경쟁력을 갖는 바탕이 되었다.

인재의 중요성이 강조된 것은 비단 어제오늘의 일이 아니다. 나관중의 《삼국지연의》에서 유비는 한족 황실 출신이라는 이유로 이야기의 중심에 자리한 반면, 조조는 극악무도한 간웅의 전형으로 폄훼되는데 사실 조조는 인재 경영의 달인이었다. 조조는 "지금은 현명한 사람을 구하는 것이 급박한 시기다. 오직 재능만이 추천의 기준이므

---

* 마이크로 칩에 저장할 수 있는 데이터 용량이 18개월마다 두 배씩 증가한다는 이론.

로 재능 있는 사람을 기용할 것이다"라며 인재의 중요성을 역설했다. 인재를 중시한 조조의 철학이 대륙을 통일하는 원동력이 된 것이다. 중국 고대사의 가장 뛰어난 전략가로 알려진 한신 역시 "사람을 얻으면 천하를 얻는 것"이라며 인재를 중시했다.

미국 제너럴 일렉트릭의 최고 경영자이던 잭 웰치도《위대한 승리》에서 인재 발굴과 육성을 기업 경영의 핵심이라고 밝혔다. 업무의 70%를 인재 육성 부분에 할애한다는 그는 "핵심 인재의 영혼과 지갑을 동시에 두둑하게 채워 줘야 한다"면서, 뛰어난 인재를 발굴하고 육성하는 동시에 충분한 보상을 통해 영웅 모델을 만들어야 한다고 강조했다. 2006년 우리나라를 방문했을 당시에도 "핵심 인재가 혁신을 주도해야 하며, 한국 기업은 혁신을 떠나서는 미래가 보장되지 않는다"고 조언했다.

전 세계 PC 운영 체제를 휘어잡고 있는 마이크로소프트의 CEO 스티브 발머는 구글의 CEO인 에릭 슈미트를 겨냥해 "회사를 없애 버리겠다. 사장을 묻어 버리겠다"라는 극단적인 언사를 퍼부은 적이 있다. 이는 구글이 마이크로소프트의 인력을 계속 빼내 가는 데 대한 경고성 메시지를 던진 것으로, 기업 경영에서 인재가 차지하는 비중이 얼마나 큰지를 다시 한 번 되새기게 하는 에피소드다. 말 그대로 '인재 전쟁'이라 해도 틀리지 않다.

동서고금을 막론하고 핵심 인재 육성의 중요성은 끊임없이 강조

되고 있으며, 이를 실천한 기업이나 국가는 세계 일류 대열에 올라서고 있다. 특히 초등학생도 아는 것처럼 '삼면이 바다로 둘러싸여 있고 뚜렷한 부존자원이 없는' 한국은 창의적이고 뛰어난 인재를 어떻게 발굴하고 활용하느냐에 미래가 달렸다.

전 세계적으로 반향을 불러일으킨 앨빈 토플러의 '제3의 물결'* 다음에 올 '제4의 물결'은 '인재 혁명'이라는 이야기가 회자되는 현실에서, 한국이 차세대 성장 동력을 발굴하고 변화의 흐름에 잘 적응하기 위해서는 인재 전략이 그 어느 때보다 중요하다 하겠다.

그렇다면 핵심 인재를 어떻게 발굴하고 육성할 것인가. 일본이 2025년을 목표로 기술 혁신과 국민 생활 향상을 위해 수립 중인 장기 전략 지침 〈이노베이션 25〉는 '튀는 사람 만들기'로 표현되는 인재 혁신 전략을 가장 중요한 성공 요인으로 꼽는다. 이 전략 지침은 튀는 인재를 만들기 위해서는 그들이 다양하고 폭넓은 지식을 얻을 수 있도록 교육시켜야 한다고 적고 있다.

이를 위해서는 초등 단계부터 외국인과의 교류 기회를 확대하고, 초·중·고 교육 방식을 암기형 학습에서 사고형 학습으로 전환해야 하며, 체험 학습 충실화, 지도 교원의 평생 연수 강화, 고교 졸업 때까지 최첨단 과학 기술 이수와 현장 체험 실시, 문과·이과 구분의 재검

---

* 제1의 물결은 농업 혁명, 제2의 물결은 산업 혁명, 제3의 물결은 지식·정보화 혁명.

토, 대학 입시 제도 개선 등을 이뤄 내야 한다고 강조한다. 즉 튀는 사람을 만들기 위한 방안으로 근본적인 교육 개혁을 설파한 것이다.

우리나라 역시 현재와 같은 입시 위주의 주입식 교육으로는 글로벌 시대에 걸맞은 경쟁력 있는 인재를 양성하기가 쉽지 않다. 경제학자 오마에 겐이치는 2006년 서울에서 열린 '글로벌 인적 자원 포럼'에서 글로벌 인재의 중요성을 설명하며 "기존의 교육 제도를 개선하기보다는 아예 교육의 새 판을 짜라"고 조언했다. 그는 또 "급변하는 21세기에는 20세기 방식의 교육으로는 희망이 없다. 모바일, 네트워크, 리얼 타임, 유비쿼터스 개념의 교육 시스템을 구축해야 한다"고 강조했다.

오늘 우리의 교육은 획일성으로 인해 창의적인 인재를 양성하지 못하고 그저 비슷비슷한 수준의 인재만 쏟아 내, 결국 최후의 보루라 할 수 있는 인적 자원을 낭비하는 결과를 낳고 있다. 너도나도 대학 입시에만 매달리고, 가까스로 대학에 진학하더라도 졸업을 하고 나면 마땅한 일자리를 찾지 못해 사회 초년병 시절부터 실업의 고통에 시달리는 게 현실이다. 이런 맥락에서 보면 청년 실업의 가장 큰 원인은 창의적인 교육이 제대로 이뤄지지 않는 데 있는지도 모른다.

물론 우리나라에서도 1999년 창의적 교육의 일환으로 영재교육진흥법을 제정하여 이른바 '영재 교육'을 실시하고는 있지만 아직 이러한 시스템이 교육 전반으로 확대되고 있지는 않다. 창의적인 인재상이 절실한 시대에 과거의 낡은 교육 시스템을 고수함으로써 그들의 잠재력 발현을 가로막고 있는 셈이다. 이처럼 획일적인 교육 시스템 아래서는 현재 골프계를 호령하는 타이거 우즈나 세계적인 축구 스타 베컴 같은 인재가 나오기 어렵다.

인재를 바라보는 한국 사회의 시각 역시 더 유연해져야 한다. 만약 세계적인 발명가 에디슨이 한국에서 태어났다면 초등학교밖에 졸업하지 못한 학력 때문에 제대로 된 일자리를 찾지 못했을 수도 있고, 수학만 잘한 아인슈타인 역시 평균 점수 미달로 인해 대학 문턱에도 못 갔을지 모른다. 요컨대 다른 사람의 특성을 인정해 주고 그 특성을 살려 줄 만큼 다양성이 용인되는 사회가 되어야 한다는 것이다.

사실 우리 사회의 어느 곳에 핵심 인재가 숨어 있는지는 알 수 없다. 따라서 우리의 교육 시스템과 사회적 제도들이 곳곳에 존재하는 인재의 기를 살려 주고 그 인재가 제대로 뻗어 나가도록 도와주는 기능을 해야 할 것이다.

2006년 9월 노무현 대통령과 정상 회담을 가진 핀란드의 여성 대통령 타르야 할로넨은 세계 최고를 자랑하는 핀란드의 국가 경쟁력 비결에 대해 다음과 같이 말했다.

"우리에게는 세 가지 비결이 있습니다. 첫 번째 비결은 바로 '교육'입니다. 두 번째도 '교육'입니다. 세 번째 비결도 '교육'입니다."

이 말은 결코 거짓이나 치장을 위한 말이 아니다. 실제로 교육 경쟁력 1위를 자랑하는 핀란드는 산학 협력 등 혁신적인 교육 개혁으로 경제 위기까지 돌파해 냈기 때문이다.

어디 핀란드뿐이겠는가. 교육과 인재 문제는 시장 경쟁의 무대에 서 있는 모든 나라의 핵심 과제다. '사람에 대한 투자' 야말로 국가의 성장 엔진을 끊임없이 돌려 줄 마르지 않는 에너지원이기 때문이다. 지금 우리가 살고 있는 디지털 시대는 총이나 칼이 아닌 머리로 싸우는 '두뇌 전쟁' 의 시대이다. 결국 창조적이고 뛰어난 인재에 대한 투자와 육성이 한국의 미래 경쟁력을 좌우한다 하겠다.

천재, 그리고 백년대계

교육 문제, 질적 개혁의 시동을 걸어라

세상이 아무리 변해도 교육은 여전히 '백년지대계'다. 즉 미래에 대한 투자 중 빼놓을 수 없는 것이 바로 교육이다. 빈부 격차가 심화되면서 계층 간 이동 통로로서의 역할은 약화되고 있지만, 그래도 자기 가치를 높이기 위한 투자로는 그만한 것이 없다. 높은 국가 경쟁력 역시 사회 구성원들을 어떻게 교육하느냐에 달려 있을 정도다. 굳이 앨빈 토플러의 "혁명적인 부의 원천은 교육과 지식에 있다"라는 말을 상기하지 않더라도 교육의 중요성에 대해서는 이미 모두 공감할 것이다.

세계는 지금 인적 자원 양성을 위한 '총성 없는 전쟁'을 치르고 있다. 아무리 훌륭한 산업 기반이나 설비 등 하드웨어적 요소들을 잘 갖추었더라도 이를 효율적으로 활용할 '인재'라는 소프트웨어가 없으면 이 모든 것이 제 기능을 할 수 없다. 또한 변화된 지식 경쟁 사회에서 살아남아야 하는 오늘날의 기업들에게 인재 확보는 경쟁력 구축의 핵심이자 생존의 요건이 되고 있다.

국가 경제의 측면에서도 양질의 인적 자원 양성은 매우 중요한 문제다. 삼성경제연구소의 〈휴먼 캐피털과 성장 잠재력 보고서〉는 한국이 연간 5% 안팎의 경제 성장을 달성하려면 인적 자원이 매년 질적으로 1%씩 성장해야 한다고 분석한다. 1970년대까지는 노동의 양적 투입만으로도 경제 성장률을 2.2%씩 올릴 수 있었지만, 1990년대 후반부터는 노동 투입으로 인한 성장이 0.5%로 뚝 떨어졌다. 같은 기간 자본 투입에 대한 성장 역시 4.2%에서 1.7%로 낮아졌다.

미국 MIT 대학의 폴 크루그먼 교수는 "동아시아의 높은 경제 성장은 노동과 자본의 집중 투입으로 이뤄졌지만 이러한 고성장은 한계에 달할 것"이라고 주장한 바 있다. 결국 인적 자원의 효율적인 양성과 배분이 미래의 지속적인 경제 성장과 국가 및 기업의 경쟁력을 담보한다 하겠다. 국가 경쟁력이 지식 경쟁력과 비례하는 '지식 인프라' 사회에서는 그 어느 때보다 교육 부문의 경쟁력 확보가 우선인 것이다.

그렇지만 한국 교육의 현주소는 그리 만족스럽지 못하다. 세계 어느 나라보다 높은 교육비를 지출하고 있지만, 인재가 유일한 자원이라고 강조하기에는 결과가 영 신통치 않다.

OECD의 보고에 따르면 한국의 교육비 지출 규모는 2002년 GDP 대비 7.1%로 거의 최고 수준(OECD 평균 6.1%)인 것으로 나타났다. 이 가운데 민간 부문의 재원은 2.9%로 OECD 평균 1.2%와는 비교할 수 없을 정도로 높았다.

양적인 공급 기반 역시 충분한 것으로 나타났다. OECD의 〈2006년도 교육 지표〉 조사 결과에 따르면 우리나라의 25~34세 인구의 중등 교육 이수율은 97%로 OECD 국가 중 1위를 차지했다. 이는 일본, 미국, 독일보다도 높은 수치이다. 고등 교육(4년제 일반 대학) 이수율 역시 31%로 노르웨이, 네덜란드에 이어 3위를 차지했다. 인구당 해외 유학생 숫자도 세계 1위를 자랑한다. 인재의 양적인 공급은 선진 어느 나라와 비교해도 손색이 없는 수준이다.

하지만 교육의 질적인 면을 놓고 보면 양적 공급이 무색해질 정도다. 교원 1인당 학생 수는 한국(유치원 20.8명, 초등 29.1명, 중등 20.4명, 고등 15.9명)이 OECD 평균(유치원 14.8명, 초등 16.9명, 중등 13.7명, 고등 12.7명)보다 많았다. 대학 전임 교원 1인당 학생 수 역시 국립대 33명, 사립대 42명으로 OECD 평균 17명의 두 배를 넘어선 수준이다. 물론 2015년에는 저출산 영향으로 만 5~14세 인구가 2005년의 71% 수준으로 급감해 이 같은 수치가 OECD 평균보다 낮아질 전망이지만 지금의 교육 현실은 분명 열악하다.

우리나라 대학의 경쟁력이 세계 수준에 크게 못 미치는 것도 문제점이다. 2003년 OECD가 만 15세 학생들을 대상으로 수학, 문제 해결 능력, 읽기, 과학 등 네 가지 영역에서 실시한 학업 성취도 평가(PISA; Programme for International Student Assessment)에 따르면, 문제 해결 능력 1위, 읽기 2위, 수학 3위, 과학 4위를 차지했다. 각 부문에서 세계 톱클래스 수준을 차지, 한국인의 두뇌가 우수하다는 것을 세계에 과시했다.

그런데 대학에 올라가면 상황이 달라진다. 스위스 IMD 평가에서 '대학 교육의 경쟁 사회 요구 부합도' 부문에서는 조사 대상 61개국 중 50위로 세계 최하위권에 머물고 있다. 또 2006년 미국의 시사 주간지 〈뉴스위크〉가 선정한 세계 100위 대학 안에 우리 대학은 단 한 곳도 포함되지 못했다. 같은 해 〈더 타임스〉가 선정한 200위권 대학에는 단 3개의 대학만이 이름을 올려놓았다. 이 같은 결과는 각 대학들이 '망하지 않는 장사가 곧 교육 사업'이라는 안이한 인식에 사로잡혀 대학 교육의 질을 향상시키는 노력을 게을리 한 탓이다.

대학 졸업자들을 위한 전문 직업 교육이나 평생 교육에 소홀한 것도 고급 인력 관리가 제대로 되지 않는 까닭 중 하나다. 우리나라의 대학 졸업자 중 성인 근로자의 직무 관련 훈련 참여율은 14.3%에 불과해 OECD 평균(37.1%)에 크게 못 미친 채 최하위권에 머물고 있다. 50% 전후를 유지하는 영국, 미국, 덴마크 등과는 비교도 되지 않을 정도로 미흡한 수준이다.

2004년 기준 '평생 학습 참여율' 역시 우리나라는 21.6%로 OECD 평균 44%에 비해 크게 떨어진다. 대학을 졸업하고 나면 공부와는 담을 쌓고 사는 한국인이 많다는 걸 보여 주는 통계다. 결국 대학 진학 전까지는 높은 사교육비를 써 대는 통에 세계 수준의 교육 경쟁력을 갖고 있지만 막상 대학에 진학하면 경쟁력이 떨어져 버리고, 졸업 이후에는 평생 학습의 부진으로 인해 대학 때 떨어진 경쟁력이 다시 올라가지 않는 것이다.

상황이 이렇다 보니 기업에선 '사람은 많은데 인재는 없다'고 토로한다. 이를 해결하기 위해서는 나라와 기업이 손을 잡고 효율적인 인재 육성 전략을 마련해야 한다. 산학 협력의 활성화와 기업 내 재교육 기회의 확대 등 인재 육성 관련 투자가 필요한 이유가 여기에 있다.

그러나 기업은 기업 나름대로 또 다른 고민을 토로한다. '기껏 교육해 놓으면 남의 회사 좋은 일 시킨 꼴만 된다'는 것이다. 그러나 이는 매우 단기적인 시각이다. 먼 미래를 내다봐야 하는 기업에 있어서 인재 양성을 위한 교육 및 투자 확대는 그 무엇보다 중요한 시스템이다. 세계적 싱크탱크인 '세계미래연구소'의 소장인 제임스 캔턴은《극단적 미래 예측》에서 미래의 시나리오 열 가지 가운데 세 번째로 '일자리보다 사람이 적어지는 시대'를 언급했다. 따라서 '미래의 CEO라면 하이테크 전문 인력을 찾기 위해 지구 끝까지라도 뒤지는 인재 전쟁을 치러야 한다'는 것이다. 이 전쟁에서 승리하려면 지금 당장 준비 태세를 갖추어야 한다.

한국의 교육 경쟁력을 떨어뜨리는 가장 큰 요인은 두말할 필요 없이 대학 입시 위주의 교육 시스템이다. 대학 진학률이 고등학교의 평가 잣대로 활용되고, 자녀를 유명 대학에 보내기 위해서라면 앞뒤 안 가리고 달려가는 풍토 탓에 획일적인 교육은 더욱더 고착화되고 있다. 대학들 역시 이러한 사회 분위기를 은근히 즐기며 교육의 질 향상보다는 학생 수 늘리기에 목을 매고 있지 않은가 생각해 볼 일이다.

앞의 통계에서 보듯이 현재 우리 교육의 양적인 공급 기반은 충분하다. 따라서 이제는 다양성에 초점을 맞춘 '질적 개혁'을 본격적으로 시작해야 한다. 교육 경쟁력을 높이는 것만큼 좋은 성장 엔진은 없다. 21세기 교육 인적 자원 선도국으로 위상을 굳혀야만 새로운 한국의 경제 성장 모델을 완성할 수 있을 것 아닌가.

교육 경쟁력을 높이는 방안에 대해서는 각계각층에서 이런저런 의견이 난무한다. 솔직히 무엇이 옳고 그른지 알 수 없을 정도로 혼전 양상이 펼쳐지고 있다. 하지만 중요한 것은 이제는 교육도 경쟁하지 않으면 살아남을 수 없는 시대를 맞았다는 것이다. 이 경쟁에서 이기려면 국가의 교육 정책 입안자와 각 교육 현장의 실무자들이, 100년 후를 내다보는 눈으로 우리 앞에 놓인 현실을 통찰해야 한다.

교육은 또 하나의 경제 정책

경쟁력 있는 교육, 어디서 오는가

우리가 피부로 느끼지는 못하지만 하루에도 수많은 기업이 생겨나고 없어진다. 일본의 한 통계에 따르면, 기업의 평균 수명은 30년에 불과하다. 지금 아무리 잘나가는 대기업이라도 시대의 흐름을 읽어 내지 못하면 얼마 지나지 않아 사람들의 기억 저편으로 사라진다. 그래서 기업들은 지금 이 순간에도 냉혹한 적자생존의 정글 속에서 치열한 몸싸움을 벌이고 있다.

그런데 한국 사회에서는 경쟁이라는 시장 논리가 적용되지 않는 곳이 있다. 바로 학교다. 한국 사회에서 경영을 잘못한 기업이 망하는 것은 기정사실로 받아들이지만 '학교도 망할 수 있다' 는 사실은 쉽게 납득하지 못한다.

하지만 국가 경쟁력이 높은 스웨덴의 상황은 우리와는 판이하다.

스웨덴은 1992년부터 학부모가 자기 자녀를 어느 학교에 보낼지 선택할 수 있는 '스쿨 초이스(school choice)' 제도를 도입했다. 이전까지는 우리나라의 평준화 제도와 비슷하게 거주지 근처 학교를 추첨을 통해 배정했다.

'스쿨 초이스' 제도에서는 국가가 관장하는 학력 평가를 통해 각 학교의 평가 자료가 학부모에게 공개된다. 전국의 초등학교와 중학교, 고등학교의 학업 성취도가 일목요연하게 신문에 실린다. 학부모는 이런 정보들을 바탕으로 자녀를 어느 학교에 보낼지 결정한다. 당연히 학업 성취도가 높은 학교일수록 입학 경쟁률이 세다. 반면 학업 성취도가 떨어지는 학교는 입학생이 줄 수밖에 없고, 결국 문을 닫는 학교도 생긴다. 철저히 시장 논리로 운영되는 것이다.

이 학교들은 기업처럼 주식회사 형태로 운영된다. 물론 고등학교까지는 의무 교육이라서 수업료를 받지 않는다. 다만 정부로부터 지급받은 쿠폰(voucher)을 학생들이 입학하고 싶은 학교에 내면 정부는 그 숫자만큼 해당 학교에 운영 자금을 지원한다. 그러므로 학교는 보다 많은 학생을 유치하기 위해 경쟁력 있는 과목을 중심으로 커리큘럼을 짠다. 우리나라의 특목고처럼 과학이나 외국어를 집중적으로 가르치는 학교도 있고, 미술이나 음악을 특별히 신경 써서 가르치는 학교도 있다.

학부모 입장에서는 학업 성취도가 높은 학교 중 아이의 적성에 맞는 학교를 골라 교육시킬 수 있어 선택의 폭이 넓다. 학교는 더 많은 학생을 유치하기 위해 학부모와 학생들을 대상으로 설명회를 열기도 하고, 수업 내용을 미리 선보이기도 한다. 그러므로 국가의 학력 평가 말고도 학교에 대한 사전 정보를 입수할 수 있는 경로가 다양한 것이다. 물론 학생들이 입학한 후에도 수업 내용 및 교사에 대한 평가는 지속적으로 이뤄진다.

스웨덴의 교육 시스템이 우리나라의 그것보다 절대적인 우위에 있다고 말할 수는 없다. 하지만 스웨덴의 교육계와 학교는 분명 우리보다 더 치열하게 생존을 위한 노력을 하고 있다.

스웨덴이 초·중·고 교육 시스템을 개혁한 것은 자라나는 인재에 대한 국가적 관리와 투자가 미래 경쟁력을 좌우할 수 있다는 판단에서였다. 21세기 지식 기반 사회를 이끄는 가장 중요한 원동력이 사람이고, 얼마나 창의적인 인재를 길러 낼 수 있느냐가 국가 경쟁력을 결정짓는 주요인이라는 분석이 깔려 있는 것이다.

스웨덴처럼 경쟁력 있는 교육 시스템을 갖추지는 않았지만, 다행히 우리나라의 초·중·고 교육의 학업 성취도는 세계 상위권을 달리고 있다. 하지만 사교육비가 13조 6000억 원*에 달해 GDP의 2.3%를 차지한다는 점을 생각하면 공교육 개혁의 필요성은 절실해진다.

---

* 2003년 기준, 한국교육개발원.

특히 교육이 지나치게 입시 위주여서 그 본래 기능이라 할 수 있는 사회적 리더 육성 및 가치관 교육이 제대로 이뤄지지 않는다는 점도 교육 개혁을 늦출 수 없는 이유이다.

한편 대학의 낮은 경쟁력도 미래 한국의 국가 경쟁력을 떨어뜨리는 요인이 되고 있다. 과거 외환 위기는 국민적 고통을 안겨 준 대신 뼈를 깎는 구조 조정을 통해 경제의 투명성을 높이고 기업 경쟁력을 한 단계 높여 주었다. 하지만 당시 대학들은 위기의 징후를 재빨리 감지하지 못하고 구조 조정의 시기를 놓쳐 세계적인 대학들과의 경쟁에서 한발 뒤처졌다. 그 결과 현재 우리 사회가 요구하는 우수한 인재의 인큐베이터 역할을 제대로 수행하지 못하고 있다.

더군다나 이제는 '대학 개혁' 자체가 사회적 비용이 많이 드는 버거운 과제가 되어 사회 전체에 부담을 지우고 있다. 정부가 2004년 '대학 구조 개혁 방안'을 내놓고 대학의 자율 역량 강화를 전제로 과감한 개혁에 나섰지만 별다른 효과를 보지 못했다. 우리의 교육 시장이 언제 개방될지 모르는 상황에서, 대학들의 부족한 현실 인식은 스스로의 발목을 묶는 족쇄가 될 텐데도 여전히 강 건너 불구경하듯 관망만 하는 대학이 많다.

그러나 세계 각국은 대학 개혁과 경쟁력 향상에 박차를 가하고 있다. 대학이 축적한 지식과 우수한 인재 배출이야말로 사회를 이끌어 가는 잠재력이자 변화의 원동력이라는 점을 인식하고 있어서다.

중국은 1990년대 중반에 시작한 '211 공정'과 '985 공정'을 중심으로 대학의 경쟁력 강화 및 혁신 정책을 이어 나가고 있다. '211 공정'은 21세기에 100개의 대학을 세계 일류 대학으로 만들겠다는 야심을 담은 프로젝트이다. 선택과 집중의 원칙에 따라 1992년부터 2002년까지 10여 년 동안 730개 대학을 280여 개로 통폐합했다. 각 지역에 흩어져 있던 단과 대학을 종합 대학으로 합병하는 과정에서 강력한 내부 구조 조정을 단행했다. 1998년 5월부터는 베이징 대학, 칭화 대학 등 10개 대학을 중점 지원하는 '985 공정'을 수립해 예산을 집중 지원하고 있다.

교육 시장 역시 과감히 개방했다. 중국은 대학의 MBA 과정뿐만 아니라 초·중·고 과정까지 과감히 문을 열었다. 이 같은 노력의 결과로 중국 상하이 시와 유럽연합이 공동으로 출자해 세운 경영 대학원인 중국·유럽국제공상학원(CEIBS)은 영국 〈파이낸셜 타임스〉가 선정한 '2005년 세계 100대 MBA 순위'에서 22위를 차지하는 성과를 거두었다. 21세기 대학 개혁의 트렌드는 통합과 개방이라는 사실을 구체적으로 보여 준 사례다.

일본 역시 2001년 국립대 구조 조정 계획인 '도야마 플랜'을 발표하며 본격적인 대학 개혁에 나서고 있다. 도야마 아스코 전 문부과학상의 이름을 딴 도야마 플랜은 경쟁력을 갖춘 국립대 재건을 목표로 추진 중이다. 2002년 10월 쓰쿠바 대학과 도서관정보대학, 야마나

시 대학과 야마나시 의과 대학의 통합을 시작으로 2004년까지 모두 27개의 국립·공립 대학이 13개로 통합되었다. 물리적 통폐합과 함께 2004년에는 국립대를 전면 독립 법인화하여 경영에서도 효율성을 높이려는 시도를 하고 있다. 예산 집행과 교육 과정 편성, 인사권 등 각종 권한을 모두 대학에 넘기는 대신 각 대학별 경영 성과에 대한 평가를 바탕으로 예산을 차등적으로 지원하기로 한 것이다.

일본이 대학 개혁을 서두르는 이유는 2009년부터 고교 졸업자와 대학 정원이 역전되기 때문이다. 일본에서는 이미 신입생 부족으로 재정 적자가 누적되어 경영난에 빠진 대학이 늘고 있다. 반면 우리나라는 2003년부터 고교 졸업생이 대학 정원보다 적은 '입학 정원 역전 시대'가 되었는데도 대학 수가 줄기는커녕 오히려 늘어나는 추세다. 대학 개혁은 일본보다 우리에게 더 시급한 과제인 것이다.

대학 경쟁력 세계 1위로 인정받는 핀란드도 그 경쟁력의 중심에는 통폐합 전략이 있었다. 핀란드는 우리보다 앞선 1992~1993년에 경제 위기를 맞았다. 하지만 우리와는 달리 경제 위기 직후 대학에 대한 구조 조정을 과감히 단행했다. 비정규 기관인 직업 기술 훈련원 200여 곳을 통합해 4년제 기술 직업 대학인 '폴리테크닉(Polytechnic)' 33개를 만든 것이다.

폴리테크닉은 대학을 '학문 및 연구 중심 대학'과 '직업 및 교육 훈련 대학'으로 이원화해 차별화하는 것, 즉 '대학별 특성화'만이 대학에 경쟁력을 부여한다는 판단에 따라 만들어진 것이다. 더불어 폴리테크닉을 중심으로 각종 연구소와 병원이 자리 잡으면서 기업들 역시 같은 지역으로 몰려들어 자연스럽게 산학 협력이 가능한 과학 도시가 조성되었다. 헬싱키와 오울루 등 총 19개의 과학 도시가 조성되었는데, 이 중 오울루는 세계 1위의 휴대 전화 제조 업체인 노키아의 R&D 센터로 유명하다.

핀란드가 유럽의 IT 강국으로서 최고의 경쟁력을 갖게 된 원천에는, 대학 특성화를 중심으로 한 '대학 개혁'과 이에 따른 활발한 '산학 교류'라는 비결이 있었다. 세계적인 벤처 신화를 창조한 미국의 실리콘 밸리 역시 스탠퍼드 대학과의 산학 협력이 빚어낸 결과물이라는 사실에서도 대학과 기업 간 교류의 중요성을 새삼 확인할 수 있다.

우리나라의 경우, 대학 경쟁력을 높이기 위해서는 취약한 재정 구조와 높은 등록금 의존도를 어떻게 개선할 것인가에 대한 고민이 선결되어야 한다. 2005년 한국의 국립대들은 전체 예산 중 27.7%를 등록금에 의존했다. 사립대는 사정이 더 심해 등록금 의존도가 전체 수입의 65%에 이른다. 미국 하버드 대학은 등록금 비중이 21%에 불과하고, 스탠퍼드 대학 역시 18% 정도만 등록금에 의존한다.

이 같은 수치의 차이는 국가가 보조해 주는 보조금의 차이 탓일 수도 있지만 세계적인 대학에 비해 한국의 대학들이 적극적인 기부금 마케팅에 나서지 않는 탓도 크다. 실제로 스탠퍼드 대학이 2005년

한 해 동안 기부금을 통해 거둬들인 돈은 6000억 원에 달한다. 스탠퍼드 대학은 활발한 마케팅으로 모은 기부금을 1991년 설립한 투자사 '스탠퍼드 매니지먼트 컴퍼니(SMC)'를 통해 관리하는데 그 액수는 무려 14조 원이 넘는다.

하지만 우리나라 대학들은 부족한 재원을 적극적인 마케팅 활동으로 마련하기보다는 등록금 인상이라는 손쉬운 방법으로 해결한다. 우리 대학들도 스스로 등록금 의존도를 낮추고 재정 자립도를 높이기 위해 다양한 수입원 개발에 적극 나서야 한다. 특히 우리나라는 학연을 중시하는 풍토를 갖고 있어서 그 누구도 출신 대학의 경쟁력이 높아지는 것을 마다하지 않는다. 따라서 각 대학은 이러한 '졸업생 심리'를 대학 재원 마련에 적극 활용하면 된다.

최근 한국에선 '명품'에 대한 과소비가 사회 문제로 대두되고 있다. 그러나 잘 따져 보면 명품이란 엄격한 품질 및 브랜드 관리의 결과물로서 높은 가치를 지닌다. 스탠퍼드 대학이나 하버드 대학은 바로 대학계의 세계적인 명품이라 할 수 있다. 안타깝게도 한국의 대학은 세계무대에서 아직 명품으로 인정받지 못했다. 우물 안 개구리처럼 한국 안에서만 서열 다툼을 벌이고 있을 따름이다. 교육 시장이 개방되면 한국에서 몇 등이라는 순위는 금세 무의미해질 텐데 말이다.

21세기 지식 기반 사회에서는 어떻게 경쟁력을 높여 세계에서 인정받는 '명품 대학'으로 거듭나느냐가 대학의 생존을 가름한다.

국가 경쟁력 역시 명품 대학이 배출한 '명품 인재' 가 얼마나 많은가에 따라 달라질 것이다. 영국의 토니 블레어 총리가 10여 년 전에 외친 "교육은 우리가 마련할 수 있는 최선의 경제 정책" 이라는 말은 이제 우리 사회에 더 들어맞는 말이 아닌가 싶다.

여성 인재 사용 설명서

'알파걸' 들은 다 어디로 사라져 가는가?

지금까지 우리 사회에서는 이른바 '회사 인간' 만이 살아남을 수 있었다. 머릿속에 오로지 회사만 들어 있어야 직장에서 승승장구가 가능했다. 사회 분위기 또한 이에 일조했다. 회식도 일의 연장이니 끝까지 동행해야 한다는 것이 불문율처럼 되어 있고, 주말을 반납하면서라도 직장에 매달려야 회사에 충성하는 사람으로 인식되는 분위기였다.

사정이 이렇다 보니 대한민국에서 가정과 육아를 모두 책임져야 하는 여성이 발붙일 수 있는 직장은 점점 줄어들 수밖에 없다. 그나마 공무원이라서 혹은 대기업에 다니고 있어서 법적으로 일할 권리를 보장받는다 해도, 공정한 경쟁을 통해 자신의 커리어만으로 성공한다는 보장은 없었다. 결국 많은 여성이 일자리에서 물러날 수밖에 없는 상황으로 내몰리곤 했다.

그러나 '지식'이 국가 경쟁력 강화 요소로 자리 잡은 요즘, 여성 인력 활용에 대한 인식을 보다 선진적으로 바꾸어야 한다는 목소리가 높다. 미래학자 존 나이스빗은 "21세기는 여성들의 시대가 될 것"이라고 예상했다. 톰 피터스 역시 "세계 경제가 성장을 지속하려면 3W, 즉 세계화(World), 월드와이드웹(Web), 여성(Women)에 주목해야 한다"고 했다. 삼성경제연구소도 앞으로 10년간 우리 사회를 이끌어 갈 성장 동력으로 여성 인력을 꼽았다.

KLI에 따르면 국민 소득 2만 달러를 달성한 주요 선진국*들은 국민 소득 1만 달러를 넘어 2만 달러에 이르는 동안 여성의 경제 활동 참여율이 약 9% 증가했다. 반면 우리나라는 국민 소득 1만 달러 달성 후 10년간 고작 1.1% 증가하는 데 그쳤다. 여성이 경제 활동에 적극적일수록 국가 소득 수준이 높다는 연구 결과 또한 2만 달러 목전에서 지지부진한 국민 소득을 끌어올리는 데 여성 인력 활용이 얼마나 큰 역할을 하는지를 보여 준다.

하지만 우리나라의 여성 인력 활용도는 선진국보다 상당히 낮다. 우리나라 여성의 경제 활동 참여율은 2006년 현재 54.8%**에 그치고 있다. 통계청의 〈2006년 인력 실태 조사〉에 따르면 우리나라의

---

* 예를 들어 스웨덴, 덴마크, 노르웨이, 미국, 영국, 캐나다, 프랑스, 독일, 네덜란드.
** 통계청 자료에 따르면 2006년 남성의 경제 활동 참여율은 77.8%이다.

비경제 활동 인구는 15세 이상 인구의 36.3%이다. 이 가운데 여성이 68%를 차지한다.

더욱 문제가 되는 것은 선진국과 현저한 차이를 보이는 고학력 여성의 경제 활동 참여율이다. OECD 자료에 의하면 우리나라의 대졸 이상 고학력 여성의 경제 활동 참여율은 56.6%로, OECD 회원국 평균 78.4%보다 훨씬 떨어진다. 대졸 이상 여성 인구의 경제 활동 참여율만 놓고 보면 OECD 회원국 중 최하위 수준이다.

선진국은 학력이 높을수록 경제 활동 참여율이 더 높아져 고급 인력이 사장되는 경우가 많지 않은 반면, 우리 사회는 고학력 여성일수록 경제 활동을 포기하는 특이한 현상을 보이고 있다. 풍부한 커리어와 지적 능력을 바탕으로 고부가 가치를 창출하는 데 기여할 수 있는 고학력 여성 인력이 일자리를 포기함으로써 발생하는 사회적 낭비는 엄청나다. 고급 교육에 투자된 비용이 회수되지 못하는 상황인 것이다. 〈OECD 교육 지표〉에 따르면 우리나라에서는 매년 1조 원가량의 교육 관련 비용의 투자 손실이 발생한다.

그렇다면 경제 활동에서 손을 뗀 여성 인력들의 에너지는 어디로 분출되고 있는 것일까. 세계적으로 경탄해 마지않는 높은 사교육열이 실은 자발적이든 비자발적이든 경제 활동에서 소외된 여성들의 에너지가 분출되는 방식이라고 한다면 지나친 표현일까.

엄마들의 교육열을 사회적인 측면으로 끌어당겨 활용해야 한다는 논의는 그간 꾸준히 있어 왔다. 또한 나날이 활성화되고 있는 인터넷 블로그들을 보면 전업 주부들이 자신의 관심 분야에서 전문가 이상의 자질을 뽐내는 모습을 볼 수 있다. 여성들의 온갖 능력과 자질, 잠재력이 블로그에서만 빛을 발하도록 내버려 두는 건 어쩐지 좀 아깝다는 생각이 든다.

그러나 막상 여성이 육아와 가사 등의 이유로 그만둔 일을 재개하고 싶어도 요즘 같은 취업난 속에서는 일자리 구하기가 하늘의 별 따기다. 운이 좋아 다시 경제 활동에 참여할 수 있다고 해도 출산 전에 일하던 자리로 돌아가기는 어렵다. 고학력 전문직일수록 재진입의 여지는 더 적다. 단순 서비스업, 판매업 등이 여성의 몫이다. 그나마도 비정규직인 경우가 많다.

2006년 통계청의 조사에 따르면 경제 활동을 하는 여성 10명 중 7명이 비정규직이었다. 고부가 가치를 창출할 수 없는 단순한 일자리만이 여성을 기다리고 있다는 얘기다. 경력이나 실력 면에서 모자람이 없는 여성들을 제대로 대우해 주는 직장이 드물고, 가사와 병행할 수 있는 일자리를 구하기가 어려운 탓에 여성들은 결국 자녀 양육과 가사 노동에만 매달리게 된다.

물론 자녀 양육이나 가사 노동 역시 중요한 일임에는 틀림이 없지만, 일을 하고 싶어 하는 여성이 근로 환경에서 암암리에 소외되고 있다는 건 또 다른 사회 문제가 아닐 수 없다. 결국 노동 시장에서의 미스매칭(mismatching), 즉 직무 불일치와 고용의 질 저하가 고학력 여성의 경제 활동 포기를 이끌어 내는 것이다.

노동 시장에서 여성에게 질 낮은 고용이 제공되는 것은 현재 한국 사회에서 여성이 처한 위치에 그 원인이 있다. 선진국과 달리 우리나라는 가사의 책임을 전적으로 여성에게 지우는 사회 분위기가 만연해 있다. 어렵사리 직장을 구하더라도 '회사 인간'이 득세하는 현실에서 가사까지 책임져야 하는 여성이 성공하기란 쉽지 않다.

우리나라 여성 인력의 연령대별 경제 활동 참가율 그래프는 출산 육아기인 25~34세에서 뚝 떨어졌다가 출산 후 다시 사회로 복귀하는 M자 형태를 보이고 있는데, 대졸 여성의 경우 아예 복귀를 포기하는 L자 형태다. 노동부가 2007년 실시한 〈남녀 고용 평등 국민 의식 조사〉에 따르면, 여성 취업의 가장 큰 장애 요인으로 전체의 59.8%가 육아 부담을 꼽았다. 가사 부담, 기업의 남녀 차별적 관행, 장래 비전 부족이 그 뒤를 잇는다. 자발적이든 비자발적이든 대다수의 여성이 양육 부담으로 인해 경제 활동에 참여하지 못하고 있는 것이다.

결국 여성의 양육 부담을 낮추는 것이 여성의 취업률을 끌어올리는 가장 좋은 해결책이다. 여성의 양육 부담을 낮추는 기초적인 해법은 직장 내 보육 시설 확충이다. 그러나 우리나라에서 보육 시설이 갖춰진 기업은 전체 기업의 10%뿐이다.

외국에서도 여성의 양육 부담을 낮추기 위한 노력이 다양하게 전개되고 있다. 만약 사내에 보육 시설을 마련할 수 없는 회사라면 근처의 보육 시설을 활용하는 방안으로 문제를 해결한다. 예를 들어 미국의 존슨앤드존슨은 다수의 보육 서비스 업체와 용역 계약을 체결해 자녀 양육 비용과 함께 직원들에게 지원하고 있다.

또한 여러 국가에서 출산 육아기의 여성이 육아와 경제 활동을 병행할 수 있도록 배려하는 고용 형태를 실행 중인데, 주로 업무 시간과 장소를 융통성 있게 조정하는 프로그램이 활용된다. 출퇴근 시간을 조정하거나 하나의 업무를 두 사람 이상이 교대로 수행하는 '업무 공유', 하루 여덟 시간 5일 근무가 아니라 열 시간 4일 근무를 하는 '집중근무제' 등은 물론이고 아예 집에서 일할 수 있도록 재택근무를 활성화하기도 한다. 육아 등으로 인해 정상적인 근무가 어려울 경우 일정 기간 후에 복직한다는 전제 아래 파트타임으로 일하는 제도도 있다. 경력 단절 없이 업무에 복귀한다는 이점이 있어서 여러 국가에서 활발히 시행되는 제도다.

일본에서는 일본 IBM이 2001년 전 사원을 대상으로 재택근무제를 도입한 이래 마쓰시타, 도요타, 일본HP 등의 기업들이 앞 다퉈 시행하고 있다. 스웨덴은 1968년 육아 관련 문제를 종합적으로 관리하는 국가육아위원회(NCC)를 발족, 취학 전 영아를 모두 국가의 보육 기관에서 수용할 수 있도록 했다.

여성 인력의 활용은 기업 차원에서도 큰 의미를 지닌다. 여성 인력을 적극 활용하면 기업의 경쟁력을 높일 수 있기 때문이다. 맥킨지에 따르면, 미국 내 매출 100대 기업의 경우 1996년부터 2000년 사이 여성 관리직 비율이 높은 기업들의 주주 총수익률*은 27.6%로 100대 기업 평균 23.1%보다 높게 나타났다. 미국 내 500대 상장 기업의 경우 남녀 차별 없이 인력을 활용하는 기업의 성과가 그렇지 못한 기업보다 2.4%포인트 정도 높다.

여성 친화적인 기업일수록 생산성이 높고 이직률은 낮다는 KLI의 분석 결과도 나왔다. 1287개 기업을 대상으로 조사한 바에 따르면, 여성 친화적인 프로그램 열네 가지를 도입한 기업은 한 가지 프로그램을 도입할 때마다 근로자 1인당 매출액이 103만 원씩 증가했다.

결국 기업이나 국가 등 전 사회적으로 가정 친화 경영을 도입하는 것이 여성 인력 활용의 해법 중 하나가 될 수 있다는 얘기다. 가정 친화적인 사회를 만들면 저출산·고령화 문제 해결에도 큰 도움이 된다. 역시 유휴 인력 중 하나인 고령 인력을 여성 인력의 경제 활동 참여를 돕는 도우미 인력(육아·가사 도우미)으로 활용하면 고령 인구 취업 문제에도 숨통이 트인다. 일석이조다.

---

* 주주 배당률+주가 상승률.

최근 몇 년 사이 일선 학교에서는 여학생들의 약진이 두드러지고 있다. 한국토익위원회가 집계한 2002~2005년의 성적 통계를 살펴보면 여성의 평균 토익 점수가 남성의 그것보다 7~9점 앞선다. 각종 국가고시에 합격하는 여성의 비율도 늘어나는 추세이다. 2005년 외무고시 합격자 중 52.6%가 여성이었다. 교육대에서 교사들의 여초 현상을 막기 위해 남성 수험생을 위한 가산점을 만들자고 제안할 정도이다. 학업과 업무, 리더십 등에서 남성보다 탁월한 능력을 발휘하는 여성을 지칭하는 '알파걸' 이라는 호칭까지 등장하는 세상이다.

그러나 문제는 학교 안에서가 아니라 밖에서 벌어진다. 학교 밖 세상에서는 여전히 남녀 차별의 벽에 수시로 부딪혀야 한다. 뛰어난 여성들도 직장 내의 보이지 않는 유리 천장에 부딪히기는 매한가지다.

KLI가 2006년 발표한 〈고용 평등 지표〉에 따르면 시간당 임금 비율과 임금 근로자 비율, 관리직 비율, 상용직 비율 등 4개 세부 지표에서 우리나라 여성 근로자의 성별 고용 평등 지표는 100을 기준으로 평균 55.7에 그쳤다.

고위 행정직이나 국립대 · 공립대 교수 등 특수 고위직에서도 여성 비율은 현저하게 낮았으며, 2006년 지방 의회에서도 여성 의원은 14.5%에 그쳤다. 삼성그룹의 경우 전체 간부 중 여성은 25%뿐이며 1300여 명의 임원 중 여성은 12명 정도에 지나지 않는다.

그동안 우리 경제 성장의 원동력은 우수한 인적 자원이었다. 그러나 급속하게 진행 중인 저출산·고령화로 인해 우리 사회는 이제 인력 부족 시대로 진입하고 있다. 갈수록 줄어드는 노동력 문제는 현재 우리나라가 맞닥뜨린 가장 큰 위기 중의 하나이다. 부족한 노동력을 채워 줄 방안은 제대로 활용되지 못하는 유휴 인력을 적절히 활용하는 것뿐이다. 정년 연장 등 관련 법과 제도를 개선하는 한편, 평생학습을 통해 고용 가능성을 제고해야 한다.

특히 여성 잠재 인력을 개발하는 정책을 마련하고, 기업들을 독려하여 이들에 대한 적극적인 고용 개선 조치를 취해야 한다. 시급하게는 보육 시스템을 선진국 수준으로 정비, 확대, 개선해야 하며, 기업 내에서 인위적인 차별이 일어나지 않도록 관리 감독을 철저히 할 필요가 있다. 그리하여 아이를 가진 여성일지라도 수유 문제 등으로 자신의 능력을 펼칠 기회를 원천 봉쇄당하는 일이 없도록 해야 한다.

5
꿈꾸는
대한민국

복지 정책의 확대 및 정비는 국민을 위해 국가가 행사해야 할 권리이자 의무이다. 정부 예산의 많고 적음이나 복지 정책 수혜 정도를 따지기에 앞서, 국민 개개인의 삶의 질 향상을 위해 가장 시급한 일이 무엇인가를 고민해야 한다. 그것은 바로 현재의 소비를 줄여 미래의 지출에 대비하는 지혜를 찾는 일이다.

Vision Korea

현재가 과거와 싸우면 미래를 잃는다.

– 윈스턴 처칠, 영국의 전 총리

3만 달러가 되면 행복할까?

국민 총행복 지수를 높여라

한 나라가 잘사느냐 못사느냐를 판가름하기 위해 1인당 국민 소득이 얼마인지를 따지는 경우가 많다. 흔히 1인당 국민 소득이 3만 달러를 넘으면 잘사는 나라, 즉 선진국이라고 불린다. 반면 1인당 국민 소득이 채 500달러에도 미치지 못하는 방글라데시나 네팔, 캄보디아, 부탄과 같은 나라들은 못사는 나라로 분류된다.

우리나라는 2006년 1인당 국민 소득(GDP 기준)이 1만 8000달러를 넘어서, 2만 달러 진입을 눈앞에 두고 있다. 아직 선진국 수준까지 올라서지는 못했지만 1인당 국민 소득만 놓고 보면 먹고사는 문제는 어느 정도 해결되었다고 볼 수 있다. 최소한 수치상으로는 말이다.

그런데 소득 수준이 높아진다고 해서 더 행복해지는 것일까? 대부분의 조사 결과가 '소득 증가=행복 증가' 등식이 항상 성립하는 것은 아님을 보여 준다.

2006년 영국의 신경제재단(NEF)이 발표한 행복 지수 순위를 살펴보면 우리나라의 행복 지수는 전체 조사 대상 178개국 가운데 하위권인 102위에 머물렀다. 또 삶의 만족도나 평균 수명, 1인당 생존에 필요한 면적과 환경 등의 항목에서도 하위권에 그쳤다. 우리나라보다 1인당 국민 소득이 떨어지는 중국(82위)은 물론 일본(90위)보다도 행복 지수가 낮았다. 국민 소득이 행복과 비례한다면 한·중·일 세 나라의 행복 지수는 일본-한국-중국 순으로 나타나야 하지만 거꾸로 1인당 국민 소득이 제일 낮은 중국의 행복 지수가 가장 높았다.

행복 지수란 영국의 심리학자 로스웰이 고안한 것으로 여든 가지 상황 중에서 사람들이 가장 행복을 느끼는 다섯 가지 상황을 고르도록 하는 실험을 반복해서 도출해 낸 지표다. 주관적인 측면이 강하기 때문에 행복 지수가 높은 나라라고 해서 전 국민이 반드시 높은 삶의 질을 누린다고 단정하기는 어렵다. 어쨌든 이 조사에서 178개국 중 1위를 차지한 나라는 남태평양의 섬나라 바누아투로, 국내 총생산이 세계 233개국 중 207위인 가난한 나라이다.

이와 관련하여 《행복 경제학》이라는 책에서는 국민 소득이 1만 달러에 도달할 때까지는 인간의 행복 지수가 소득과 비례한다고 되어 있다. 돈으로 먹고사는 문제를 어느 정도 해결함으로써 행복을 느

낄 수 있기 때문이다. 문제는 1만 달러를 넘어선 후부터다. 이때부터는 얘기가 좀 달라진다. 많은 선진국이 국민 소득 1만 달러를 넘어 3만 달러대까지 도달했지만 해당 국가 국민의 행복 지수는 대부분 제자리걸음이다. 이는 사람들이 행복에 대해 점수를 매길 때 절대적인 기준으로 평가하기보다는 주변 사람들과 비교하는 상대 평가를 하기 때문인 것으로 이 책의 저자들은 풀이한다.

우리는 남들보다 더 행복해져야 한다고 생각하고 그러기 위해선 남들보다 돈을 더 많이 벌어야 한다고 여기지만, 이러한 무한 질주, 무한 경쟁 게임을 벌이는 와중에 더 많은 스트레스를 받게 되고 이런 스트레스가 행복을 좀먹는다는 것이다.

대한민국은 경제 규모로만 따지면 세계 10위이다. 하지만 '선진국 클럽'이라고 불리는 OECD에 1996년 세계에서 스물아홉 번째로 가입한 뒤 10년 이상이 흘렀지만 삶의 질은 아직까지 OECD 국가 중 최하위권이다. OECD 30개국 가운데 우리나라는 1인당 국민 소득이 24위 정도지만 사회 복지비 지출 비중은 꼴찌를 면치 못하고 있다. 공공 사회 복지비 지출이 GDP에서 차지하는 비중은 2003년 5.7%로 회원국 평균 20.7%의 4분의 1 수준에 불과하다. 빈곤층 비율 역시 계속 증가 추세다.

그리 자랑스럽지 못할 뿐 아니라 오히려 감추고 싶은 '세계 1위'도 많다. 스트레스 지수, 자살률, 이혼율, 비정규직 노동자 비율, 노인 자살률 등은 우리 사회가 달고 있는 불명예스러운 훈장이다.

　미국 AP통신이 조사 기관과 공동으로 주요 10개국의 성인 1000명을 대상으로 실시한 '스트레스 지수' 조사에서는 한국인의 81%가 '스트레스를 받고 있다'고 답해 1위를 기록했다. 경제 부진으로 인한 실업 증가, 기업의 구조 조정으로 인한 고용 불안, 북한 핵 문제로 인한 긴장 고조, 대학 입시가 취업과 결혼 문제까지 결정하는 것 등이 주요 스트레스 원인이라고 AP통신은 분석했다. 일상적으로 느끼는 스트레스와 상대적인 박탈감이 우리 사회의 행복 지수를 낮추고 있는 것이다.

　스트레스 쌓이는 생활은 미래에 대한 전망을 희망보다는 절망으로 기울게 해 사회 전반에 비관적인 분위기가 흐르게 한다. 우리나라보다 국민 소득이 낮은 동남아로 은퇴 이민을 고려하는 사람이 늘고 있는 것도 한국 사회의 낮은 행복 지수에 대해 다시 생각해 보게 한다.

　인도와 티베트 사이 히말라야 동부에는 부탄이라는 작은 왕국이 있다. 부탄은 1인당 국민 소득이 700달러에도 못 미친다. 하지만 부탄은 경제 발전에 사활을 걸지 않는다. 오히려 다른 나라들이 사용하는 1인당 GDP나 국민 총소득(GNI) 등의 개념을 버리고 '국민 총행복 지수(GNH)'를 발표하고 있다. GNH는 '안정적인 경제 발전', '자연환경의 보호', '민족 문화의 증진', '좋은 통치' 등 네 가지 요소로 평가된다. 경제의 고도성장이라는 일반적인 명제를 버리고 국민 전체의 행복을 위해 노력을 쏟는 것이다. 따라서 나라 경제의 규모가 커지는 것보다는 어떻게 하면 국민 개개인이 더 행복해질 것인가에 정책의 초점을 맞추고 있다.

이를 두고 미국의 〈월 스트리트 저널〉은 부탄 국민에 대해 '행복으로 부유한 사람들'이라고 표현하기도 했다. 이런 기준에서 보면 단지 국민 소득이 많다는 이유로 우리가 그들보다 행복하다고 자신할 수는 없다. 부탄에서는 빈부 격차나 실업난, 상대적 박탈감 등으로 고통받는 사람의 비율이 한국보다 현저히 낮기 때문이다.

인간은 기본적으로 욕심이 많은 동물이다. 자신이 설정한 목표가 달성되었다고 해서 충분히 행복을 느끼기보다는 또 다른 목표로 스스로를 몰아붙인다. 집 사는 게 목적이던 사람은 막상 집을 사고 나면 더 넓은 집을 가진 이를 부러워한다. 남들보다 더 좋은 차를 갖고 싶어 하고, 남들보다 더 고급스럽게 살고 싶어 하는 것이 인지상정이다. 이런 인간의 욕심이 개인의 삶을 윤택하게 변모시키고, 동시에 사회의 발전을 견인하는 긍정적인 스트레스의 작용을 하는 것도 분명한 사실이다. 하지만 단지 국가 경제의 덩치가 커졌다고 해서, 계량 가능한 국민 소득이 높아졌다고 해서 행복 지수도 함께 올라가는 것은 아니다.

국민 소득 2만 달러, 3만 달러라는 숫자는 어쩌면 허상에 불과할 수도 있다. 상대적 박탈감이 커지고, 국민 개개인의 삶의 질이 높아지지 않는 한 언제 허물어질지 모르는 사상누각과도 같은 것이다. 국민 소득 3만 달러 시대가 반드시 행복하리라고는 아무도 장담할 수 없다. 중요한 건 '3만 달러' 라는 수치가 아니라, 어떻게 '행복한 3만 달러 시대' 를 만들어 갈 것인가 하는 문제다.

품격 있는 선진국이 되려면

한국적 노블레스 오블리주의 부활을 기다린다

남북 전쟁이 막을 내린 후 미국에 '대포 클럽'이라는 모임이 만들어졌다. 대포 클럽은 종전으로 인해 대포 개발에 대한 명분이 없어지자 달에 포탄을 쏘아 올리자는 기상천외한 아이디어를 내놓았다. 포탄을 타고 달나라에 갈 수 있다면 전후에도 대포 개발에 대한 명분을 얻을 수 있으리라는 계산에서였다. 실제로 포탄을 타고 달나라에 가겠다는 지원자도 등장했다. 문제는 이 황당한 아이디어를 실현하기 위해서는 막대한 자금이 필요하다는 점이었다.

결국 세계적인 모금 활동이 벌어졌다. 미국에서는 모금 사흘 만에 400만 달러가 쌓였다. 이 아이디어를 조롱한 프랑스에서도 23만 달러나 기부했다. 네덜란드는 4만 달러를 현금으로 낼 테니 5%를 깎아 달라고 요구했고, 스위스는 달에 포탄을 쏘아 보낸다고 해서 달과 장사를 할 수가 있겠느냐며 50달러만 냈다. 스페인은 혹시라도 포탄 발사가 잘못되어 지구에 추락할 것을 우려해 단돈 11달러만 기부했다.

물론 이 이야기는 현실에서 일어난 일은 아니다. 프랑스 작가 쥘 베른의 소설 《지구에서 달까지》에 나오는 가상의 이야기다. 하지만 이 의미심장한 이야기 속에서 거론되는 각 나라의 모금 액수를 살펴보면 한편으론 그 나라 국민의 기질을 눈치 챌 수 있다. 작가가 하나의 공상 이야기 속에서 각 국가 및 국민의 성향을 풍자하고 있기 때문이다.

사흘 만에 400만 달러나 기부가 이뤄진 미국은 '기부의 나라'라고 해도 과언이 아니다. 전 세계의 자유 무역을 부르짖으며 자신들의 이익을 추구하는 데 한 치의 양보도 없는 나라이면서, 동시에 사회 환원도 활발히 이뤄지고 있는 것이다. 이 같은 기부 문화야말로 오늘의 미국을 만든 발판이었다.

한 통계에 따르면 미국의 기부금 액수는 한 해 2000억 달러가 넘는다고 한다. 이는 미국의 대중국 무역 적자액과 맞먹을 정도이며, 우리나라 한 해 예산을 초과하는 금액이다. 이 같은 미국의 기부 문화는 자칫 '돈만 많이 벌면 되고, 나만 잘살면 된다'는 쪽으로 흘러갈 수 있는 미국식 자유주의에 균형과 조화를 부여한다.

미국의 기업이나 부자들에게도 기부를 통한 부의 사회 환원은 일종의 불문율처럼 작동하고 있다. 세계 최대 갑부인 빌 게이츠 마이크로소프트 회장은 자신이 세운 세계 최대의 자선 단체 '빌앤드멜린 다게이츠재단'에 전 재산의 절반인 288억 달러, 우리나라 돈으로 30조 원을 출연했다. 앞서 빌 게이츠는 자신의 세 자녀에게 1000만 달러만 물려주고 나머지는 자선 사업에 쓰겠다고 밝힌 바 있다.

2006년에는 '투자의 귀재'로 불리는 워런 버핏 역시 빌앤드멜린 다게이츠재단에 재산의 80% 이상인 310억 달러를 기부하겠다고 밝혔다. 20년째 10만 달러 연봉을 고수하면서도 12달러짜리의 저렴한 이발소를 이용하고, 20달러짜리 스테이크로 외식을 하는 워런 버핏이 이처럼 큰 재산을 흔쾌히 내놓는 바탕에는 바로 미국의 전통적인 기부 문화가 자리 잡고 있다.

기부는 이런 부자들에게 매우 특별한 사회적 특권으로 여겨지고 있으며 이를 행사하는 것이 곧 '노블레스 오블리주(noblesse oblige)'의 실천이다. 노블레스 오블리주는 '가진 자의 도덕적 의무'를 뜻하는 프랑스어로, 부자이자 사회적 지도층으로서 당당하게 대접받기 위해서는 '명예(노블레스)'만큼 '의무(오블리주)'를 다해야 한다는 철학이 담겨 있는 말이다.

노블레스 오블리주 정신은 사실 로마 시대부터 전해 내려왔다. 초기 로마의 왕과 귀족들은 솔선수범과 절제된 행동으로 로마 사회의 초석을 다졌고, 이러한 행위가 의무인 동시에 명예로 인식되면서 귀족들 사이에 자발적인 경쟁을 불러일으켰다. 전쟁이 일어나면 귀족들이 먼저 자기 재산을 사회에 환원하고 칼을 들고 전쟁터로 나가 피를 흘렸다. 실제로 로마 건국 초기만 해도 최고 기구 원로원은 대부분 귀족으로 채워져 있었는데 500년 후에는 그 비중이 15분의 1로 줄었다. 계속된 전투로 많은 귀족이 희생되었기 때문이다. 로마는 귀족과 노예의 차이를 사회적 책임을 얼마나 잘 이행하는가에서 찾았다. 오랜 세월 로마가 거대한 제국을 유지하며 영토를 확장한 배경에는 사회 지도층의 노블레스 오블리주 정신이 있었다.

로마에서 비롯된 노블레스 오블리주 정신은 미국뿐만 아니라 유럽의 선진국 대부분에서 나타난다. 영국 최고의 명문이라는 사립 중등학교 이튼 칼리지에는 제1차 세계 대전에 참전해서 목숨을 잃은 졸업생 1157명의 이름이 남아 있다. 1982년 포클랜드 전쟁 때 엘리자베스 여왕의 둘째 아들 앤드루 왕자가 헬기 조종사로 참전한 것도 노블레스 오블리주를 실천한 상징적 일화로 잘 알려져 있다. 또 프랑스에서는 지식인의 사회적 참여를 뜻하는 '앙가주망(engagement)'이 유난히 강조된다. 지식인도 자신의 문화 권력을 사회 문제 해결에 실천적으로 사용해야 할 의무가 있다는 것이다.

물론 한국의 전통 사회에서도 노블레스 오블리주의 정신은 있었다. 한국적 노블레스 오블리주를 실천한 대표적인 집안으로는 경주 최 부잣집이 꼽힌다. 경주 최씨 집안은 조선 후기 10대에 걸쳐 약 300년 동안 만석꾼의 부를 유지했다. 이 가문에는 여섯 가지 지침이 있는데, 그 내용은 다음과 같다. 첫째, 과거를 보되 진사 이상은 하지 마라. 둘째, 재산은 1만 석 이상 갖지 마라. 셋째, 과객은 후하게 대접하라. 넷째, 흉년에는 땅을 사지 마라. 다섯째, 며느리들은 시집온 후 3년 동안 무명옷을 입어라. 여섯째, 사방 백 리 안에 굶어 죽는 사람이 없게 하라. 또한 1년 동안 농사로 벌어들인 소득의 3분의 1은 손님 접대나 이웃을 위해 베풀었다고 한다.

그렇게 다른 사람을 위해 베풀고도 10대에 걸쳐 만석꾼을 유지한 걸 보면, 그들은 더불어 살면서도 부를 지켜 내는 지혜로운 경영 비법을 알고 있던 것 같다. '재물은 분뇨와 같아서 한곳에 모아 두면 악취가 나 견딜 수 없지만 골고루 사방에 흩뿌리면 거름이 되는 법이다' 라는 말도 되새겨 볼 만한 최 부잣집의 격언이다.

녹우당 해남 윤씨 가문 역시 한국적 노블레스 오블리주를 실천한 사례로 유명하다. 해남 윤씨 가문의 족보를 보면 시조인 윤효정을 '삼개옥문(三開獄門) 적선지가(積善之家)' 로 묘사하고 있다. 이는 생활이 어려워 나라에 세금을 내지 못해 옥에 갇힌 사람을 윤효정이 세 번이나 대납해 풀어준 데서 유래한 말이다.

전남 구례군 토지면에 있는 대저택 운조루(雲鳥樓)의 뒤주에 새겨진 '타인능해(他人能解)' 라는 글귀 역시 나눔의 철학을 어떻게 실천했는지를 잘 보여 준다. 이는 '누구나 쌀을 마음대로 퍼 갈 수 있다' 는 뜻으로, 빈궁한 이웃들이 굶지 않도록 배려한 것임을 알 수 있다. 또 이 집에서는 지붕 위로 솟아오른 굴뚝을 찾아볼 수가 없다. 대신 건물 아래 기단에 구멍을 내 연기가 이곳으로 빠져나가도록 했다. 부잣집에서 밥 짓는 연기가 피어오르면 끼니를 거른 이웃들이 더 힘들어 할 것이라는 배려에서다. 아마도 운조루의 아궁이에 불을 피우면 온 집 안에 눈이 매울 정도로 연기가 자욱했을 것이다.

하지만 최근의 한국 사회를 보면 이런 노블레스 오블리주 정신은 온데간데없다. 노블레스 오블리주라는 말보다는 오히려 '도덕적 해이' 라는 말을 더 자주 듣게 된다. 권력이 커지면 그에 따르는 책임이나 윤리 의식도 커져야 하는데 권력만 남용되는 사례가 많다. 예컨대 뇌물 수수, 청탁, 병역 기피, 사치, 접대 파동 등 사회 지도층의 비리들이 심심찮게 신문 지면을 장식하곤 한다. '무전 유죄, 유전 무죄'를 당연시하면서 한편으로는 이를 즐기고 있는 것 같기도 하다. 이른바 '백' 없으면 전쟁터에 나가 총알을 맞아야 하고 '돈' 있으면 군대를 면제받아 목숨을 부지하던 한국전쟁 시절의 나쁜 풍토가 이어져 오는 듯하다. 정권 탓, 남의 탓, 국제 환경 탓으로 돌리며 한편으로는 자신들의 이익에만 악착같이 집착하는 사회 지도층의 방관자적인 모습이 여전한 것이다.

그렇지만 권력이나 부는 도덕성이 병행되지 않는 한 그 어떤 핑계를 대더라도 정당하게 인정받을 수 없다. 한국 사회에 뿌리 깊게 남아 있는 군사 문화를 자랑이라도 하듯이 그저 '돌격 앞으로' 만을 외쳐서는 안 된다. 지도층이 맨 앞에 서서 그 어떤 위험에도 맞서 싸울 태세로 '나를 따르라' 고 외쳐야 그나마 그들 자신도 사회로부터 보호받고 인정받을 수 있다. 승자 독식이나 책임 회피, 자신만의 이익 챙기기 같은 도덕 불감증에서 벗어나 과거 우리 사회 한편에서 살아 숨 쉬던 노블레스 오블리주 정신을 회복해야 한다. 그래야만 현재 한국 사회에서 표출되는 갈등을 해결할 수 있다.

몇 년 전 시사 주간지 〈뉴스위크〉는 '미국 사회를 지탱해 주는 힘은 4만 달러가 넘는 1인당 국민 소득이나 연간 5000억 달러 가깝게 쏟아 붓는 국방비가 아니라 기부와 봉사의 정신' 이라고 분석한 바 있다. 미국 사회에서는 지도층 인사들의 노블레스 오블리주가 사회 통합에 일정 정도 기여하는 동시에, 그러한 행위가 지도층의 권익을 정당화하고 자신들의 조직 및 커뮤니티를 지탱해 주는 수단으로 작용하고 있다는 뜻일 터이다.

이는 어느 사회나 마찬가지다. '의무를 망각한 신분 집단' 또는 '천민적 졸부 문화' 만으로는 절대 자신들의 부와 권력을 정당화할 수도, 영원히 유지할 수도 없다. 그런 의미에서 한국적 노블레스 오블리주의 필요성을 더더욱 절감하게 된다.

존경받는 국가의 조건

ODA 확대를 통해 얻을 수 있는 것

2007년은 우리가 한국전쟁의 폐허를 딛고 대외 원조를 시작한 지 만 20년이 되는 해이다. 잿더미 속에서 하루 한 끼조차 때우기 힘들던 그 시절이 그리 오래된 일처럼 느껴지지는 않지만 어느덧 우리도 20년이나 다른 나라를 도와 왔다는 얘기다.

1945년 광복 이후부터 1999년까지 우리나라가 외국으로부터 지원받은 유상·무상 차관은 모두 331억 달러에 달한다. 이 가운데 아무 조건 없는 무상 원조가 69억 달러, 조건이 붙어 있는 유상 원조가 262억 달러였다. 경제 개발이 본격화되지 않은 1960년대 이전까지는 주로 민생 구호를 위한 식량이나 의복, 연료, 의약품 등의 생필품과 원자재 등을 무상 원조로 받았다. 당시에는 해외 원조가 우리나라 GDP의 8%나 될 정도로 큰 비중을 차지했다. 사실상 '원조 경제'라고 해도 틀린 말이 아니었다.

1960년대 이후에는 외국의 원조가 유상 차관으로 바뀌면서 액수도 늘어났고 본격적으로 투자에 쓰였다. 대외 원조를 받아 한국 경제의 젖줄이 된 경부고속도로를 건설했고, 지금은 세계적인 기업이 되어 있는 포스코도 세웠다. 대부분의 개발 투자 사업이 한국 내의 돈보다는 외국에서 들여온 돈으로 이루어졌다. 해외로부터 얻어 쓴 돈이 지금의 경제 발전을 이룬 기반이 된 셈이다.

한국이 다른 나라에 돈을 빌려 줄 만한 여유가 생긴 것은 1980년대에 들어서면서부터다. 정부는 개도국과의 경제 협력 확대 정책을 효율적으로 추진하기 위해 1983년 '해외협력위원회'를 설립했다. 해외협력위원회는 개도국과의 협력을 확대하기 위해 경제협력기금을 설립해야 한다는 의견을 내놓았고, 결국 1987년 대외경제협력기금(EDCF)이 설립되면서 대외 원조가 시작되었다. 300억 원의 정부 출연금으로 마련된 기금이 수출입은행을 통해 개도국에 지원되기 시작했고, 4년 뒤인 1991년에는 무상 원조 집행 기관인 한국국제협력단(KOICA)도 출범했다.

대외 원조를 시작한 지 20년이 지났건만 한국의 대외 원조 수준을 보여 주는 공적개발원조(ODA; Official Development Assistance)는 세계 10위권의 경제 규모에 걸맞지 않게 저조하다.

한국의 2005년 ODA 지원액은 7억 7169만 달러였다. 이는 OECD

회원국 중 일부 나라를 제외하면 거의 최하위권으로, 미국(286억 8871만 달러)이나 일본(193억 6315만 달러)에 비하면 초라하기 그지없다. GNI 대비 0.1%로 OECD 산하 개발원조위원회(DAC) 회원국의 잠정 평균치인 0.33%의 3분의 1에 불과하고, OECD 회원국 평균인 0.25%에도 한참 못 미친다. 또 유엔 권고 기준인 2009년 0.5%, 2015년 0.7%와도 거리가 멀다.

원조의 질과 목적을 파악하는 데 중요한 지표가 되는 최빈국 및 저소득 국가에 대한 지원 비율 역시 2003년 기준 GNI 대비 0.03%로 OECD 국가 가운데 최하위에 머물렀다. 우리나라의 무역 규모가 6000억 달러까지 성장할 수 있던 배경에는 우리에게 손길을 내민 국제 사회의 지원이 있었지만, 경제가 성장한 한국은 그런 역할을 제대로 하고 있지 못하다는 얘기다. '곳간에서 인심 난다'는 옛말이 무색해지는 대목이다. 물론 선진국의 ODA가 절대적 금액 면에서나 GNI 대비 비율 면에서 높은 게 무조건 좋은 건 아니다. 사실 미국이나 일본 등은 ODA를 제 잇속 챙기기를 위한 수단으로 이용하고 있기 때문이다. 그로 인해 OECD는 1992년 '헬싱키 패키지'라는 강력한 제재 조치를 마련하기도 했다.

헬싱키 패키지는 일반 금융으로도 지원이 가능한 수익성 좋은 사업에 대해 일정 범위 이상으로는 유상 원조를 하지 못하도록 막고 있다. 원조를 가장한 선진국들의 수익 챙기기에 제동을 건 것이다.

그러나 OECD가 이러한 조치를 취했는데도 각 선진국은 규제의 틀 내에서 유상 원조를 활용하고 있다.

유상 원조는 자금을 제공하는 나라의 상품을 수혜국이 구매해야 할 의무가 있는지에 따라 구속성과 비구속성으로 나뉜다. 일본의 경우 1990년대 초 유상 차관을 비구속성 방식으로 전환했다가 1999년부터 다시 구속성 원조를 재개하면서 자국 기업의 해외 진출을 돕고 있다. 원조 외교를 이른바 시장의 논리에 맞추고 있는 것이다.

중국 역시 대외 원조라는 수단으로 아프리카나 아시아, 중남미 등지에서 자원 확보와 자국 산업의 해외 진출 확대를 꾀하고 있다. 이처럼 원조를 가장한 '무늬만 원조'가 많은 것도 사실이고, 이에 따라 인도주의적 차원에서 이뤄져야 할 원조가 지나치게 상업적으로 악용되는 것 아니냐는 비난도 일고 있다.

그렇다 해도 OECD 회원국인 우리나라의 대외 원조 수준은 부끄럽기 짝이 없다. 다행히 현재 정부는 2015년까지 ODA 규모를 GNI 대비 0.25%까지 늘린다는 계획을 세워 놓고 있다. 나아가 DAC 회원국의 평균치보다 높은 0.35%까지 대외 원조를 늘리고 2030년에는 0.7% 수준으로 끌어올리겠다는 포부도 밝혔다. 원조의 규모뿐 아니라 그 질도 함께 제고한다니 예전에 우리가 받은 국제 사회의 지원에 화답할 수 있을 듯하다.

간혹 대외 원조를 늘리면 '퍼 주기가 아니냐'는 비난 여론이 일기도 하지만, 선진국의 원조로 우리가 경제 발전의 초석을 세웠다는 점을 감안하면, 한국도 이젠 국제 사회의 일원으로서 그 역할을 해야 할 때가 아닌가 싶다. 경제력에 맞는 국제적 위상 확보와 원조 시스템의 선진화, 국민적 인식 제고 등도 함께 뒤따라야 하는 것은 물론이다.

'왼손이 하는 일을 오른손이 모르게 하라'는 게 남을 도울 때의 기본적인 마음가짐이지만, 우리 또한 자원 빈국임을 생각하면 해외 원조가 에너지 및 광물 자원을 확보하기 위한 생존 게임의 하나임을 간과할 수 없다. 다만 2005년 국무조정실이 국민 1000명을 대상으로 실시한 〈ODA에 대한 국민 여론 조사〉 결과*처럼 인도적 이유가 해외 원조의 바탕이 되어야 한다는 점만은 분명하다.

어려운 나라를 돕고 세계무대 속에서 존경받는 국가로 자리매김하는 것은 결국 우리나라의 성장에도 밑거름이 되는 일이다. 당장 눈앞의 이익만 좇아서 남을 돕는 것은 단지 물질적 도움에만 그칠 뿐이고 오래갈 수도 없지만, 진정으로 우러나오는 마음으로 가난한 나라를 돕는 것은 도움을 받는 사람의 마음을 얻어 더 큰 성과로 이어질 것이기 때문이다.

---

* 대외 원조에 찬성하는 이유로 인도적 이유가 28.9%로 가장 높았고, 과거 국제적 혜택을 입었기 때문 27.7%, 국가 위상 제고에 도움이 된다는 응답 23.6%, 기업의 해외 진출에 도움이 된다는 응답 18.6% 순이었다.

다시 태어나도 한국인으로 태어나겠는가?

경제 발전보다 사회적 갈등 해결이 먼저다

'**다시** 태어나도 한국인으로 태어나겠는가?'

누군가 이런 질문을 던진다면 어떤 대답을 할 수 있을까. 자신 있게 '그렇다'라고 대답할 수 있을까? 부끄러운 얘기지만 아마도 절반 이상이 '아니다'라고 답할지 모른다. 왜 그럴까. 심각해지는 빈부 격차와 갈수록 어려워지는 취업, 골치 아픈 군대 문제, 믿지 못할 정치, 입시 전쟁과 교통지옥……. 바로 이런 것들이 오늘날 우리가 살고 있는 한국 사회의 현실이기 때문이다.

사실 한국인으로서의 삶은 그리 만만치 않다. 태어나는 그 순간부터 부모의 뜨거운 교육열에 시달려야 하고, 학교에 들어가면서부터는 학벌 위주의 사회에서 살아남기 위해 입시에 매달려야 한다. 사회에 나와 괜찮은 직장을 얻어 안착하기도 쉽지 않다. 매일 먹고사는 일에 쫓기듯 살다 보면 뒤를 돌아볼 겨를도, 삶을 즐길 여유도 없다. 늙어서도 마찬가지다. 연금이나 기초 생활 보장 등의 사회 복지 제도가 있기는 하지만 그것만으로는 궁핍한 삶에서 벗어날 수 없다. 오히려 늙어서 돈 없으면 더 괄시받고 천대받는 풍토가 만연해 있다. 심지어 쪽방에서 노인 홀로 쓸쓸히 생을 마감하는 일도 벌어진다. 그마저도 죽은 지 며칠, 몇 달이 지나서야 세상에 알려진다.

이렇듯 팍팍하고 고단한 삶에 질질 끌리듯 살아가다 보면 "도대체 왜 사는지 모르겠다"는 푸념이 나올 때도 있지만 그런 고민 역시 자고 나면 다시 바쁜 일상에 매몰되어 잊혀지는 경우가 많다. 이런 내 모습이, 이렇게 살게 만드는 이 땅이 싫어 한국을 떠나고 싶다는 사람도 부지기수이고, 실제로 짐을 싸는 사람도 적지 않다.

그렇지만 한국이라는 나라는 사실 객관적으로 볼 때 충분히 살만한 곳이 아니던가. 굳이 내전에 시달리다 기아로 굶어 죽는 아프리카의 나라들을 들먹이지 않더라도 한국인으로 태어난 것에 자부심을 가질 이유는 많다.

한국은 세계 10위의 경제 대국이고, 세계 최고의 교육열과 우수한 두뇌, 정이 넘치는 문화를 가지고 있다. 인터넷 보급률이 세계 1위일 정도로 IT 강국이고, 박스 오피스에서 할리우드 영화를 제압하는 유일한 나라이기도 하다. 또 식민지 지배를 딛고 일어나 독자적으로 경제 발전을 이룩했고, 산업화와 민주화를 동시에 이룬 몇 안 되는 나라 중 하나다. 붉은 물결의 저력으로 700만 명이 거리로 쏟아져 나와 응원한 덕분인지 1승도 못 거두던 월드컵에서 단숨에 4강까지 올라 세계인을 깜짝 놀라게 만들기도 했다. 일본이라는 강력한 선진국을 지구상에서 유일하게 만만하게 보는 국민도 바로 한국인이다.

하지만 이같이 한국인이라는 것에 대해 자랑스럽게 생각해도 좋은 많은 이유를 제치고 '다시 태어나도 대한민국에 태어나고 싶다'는 대답이 선뜻 나오지 않는 까닭은 대체 무엇일까. 그것은 혹시 대한민국이 국민에게 존경받는 국가가 아니기 때문은 아닐까.

국민에게 존경받는 국가란 사람마다 제각각 다를 것이다. 혹자는 국민 소득이 2만~3만 달러를 넘어 경제적으로 부유한 나라가 되면 보다 많은 사람이 행복해지고 국가에 대한 존경심도 우러날 것이라 생각한다. 그러므로 국민 소득 3만 달러를 넘긴 선진국들의 성공 모델을 한국식으로 새롭게 구성, 적용해야 한다는 주장을 펴기도 한다.

그런 나라들은 강력한 리더십과 노·사·정 대타협, 기업 규제 완화, 외국인 투자 유치 활성화 등을 실천했기에 선진국 진입이 가능했다는 것이다. 반면 1만 달러를 돌파하고도 다시 뒷걸음치거나 그 상태에서 머뭇거리는 나라들은 정치적 후진성이나 노사 분규 등으로 인한 사회적·정치적 혼란이 경제의 발목을 잡은 탓이라고 말한다. 그럴 때마다 아일랜드나 스웨덴의 성공 사례 혹은 브라질이나 아르헨티나의 실패 사례도 빠지지 않고 등장해 때늦은 모델 논란이 일기도 한다.

경제적인 부가 국민의 생활을 보다 윤택하게 만들고 여유롭게 만들어 국가에 대한 애정이나 충성도가 높아진다는 주장은 결코 틀린 말이 아니다. 하지만 국가와 국민의 부가 얼마나 늘었느냐를 보여주는 경제적인 수치보다 더 중요한 것이 있다. 바로 구성원 간의 정신적인 합일(合一)이다.

대한민국은 최근 사회적 갈등이 증폭되며 분열 양상을 보이고 있다. 정치적으로는 좌파와 우파로 갈라져 이념 논쟁이 벌어지면서 북한 지원 문제를 놓고도 퍼 주기가 아니냐는 논란이 빚어진다. 경제적으로는 고용 불안이 심해지면서 노사 간 갈등이 사회 문제로 비화되는 한편, 노동자 사이에서도 비정규직 문제 등으로 인해 노노 간 갈등도 심심찮게 일어난다. 사회 계층 간에도 소득 격차 확대에 따른 갈등이 드러나고 있다. 환경 문제를 놓고도 개발이냐 보전이냐를 따지느라 이해 당사자 또는 기업과 시민 단체 간의 갈등이 첨예하다.

그렇지만 어느 누구 하나 뚜렷한 대안을 제시하지 못한 채 자기 주장만을 극단적으로 반복하여 분열 양상이 증폭되고 있다. 대화와 타협보다는 갈등과 대립으로 치닫는 듯한 안타까운 모습이다. 중재자는 사라지고 자기 입장을 상대에게 강요하는 닫힌 사회로 가고 있는 것은 아닌가 염려스럽다.

대한민국이라는 배의 사공들이 서로 다른 방향으로 노를 저으며 자기 방향이 맞다고, 이렇게 노를 저어야 더 잘살 수 있다고 이야기한다. 더 잘사는 나라, 더 행복한 나라라는 항구에 도달하겠다는 생각은 같지만 엉뚱한 방향으로 힘을 빼며 국력을 낭비하고 있지는 않은지……

흔히 가정에 불화가 있거나 자녀들이 탈선의 길을 가면 대부분의 상담 전문가는 가족 간의 대화가 제일 우선이라고 충고한다. 아내에게 혹은 자녀에게 좋은 옷, 좋은 음식을 주는 것보다는 대화를 통해 마음의 문을 열고 서로의 입장을 이해하려는 노력이 더 절실하다고 말한다.

대한민국을 하나의 큰 가정이라 여기고 생각해 보자. 과연 우리는 이러한 기본적인 노력을 하고 있는 걸까. 누구나 다 알고 당연하게 여기는 사회적 대화가 정작 이뤄지지 않는 건 아닐까. 갈등의 원인은 놓아둔 채 현상만 치료하려는 덧없는 시도가 이어지면서 이해 당사자 간의 감정의 골만 더 깊어지는 경우도 많다.

흔히 어떤 문제에 대해 논란이 벌어지면 대화의 창구라는 명목으로 토론이나 중재, 공청회 등이 열린다. 이를 통해 수많은 토론이나 중재가 이뤄지기는 하지만 제대로 된 합의에 도달하는 경우는 별로 없다.

대한민국이 대화와 토론에 약하고 갈등의 중재자가 부족한 것은 경제 성장 과정에서 불가피하게 발생한 성장통(成長痛) 중의 하나일 수 있다. 먹고사는 일에 급급하던 시기에는 당장 눈에 보이는 경제 성장이 중요했기 때문에 뒤를 돌아볼 겨를도, 성장 외의 다른 대안이나 문제점을 고려해 볼 시간도 많지 않았다. 앞만 보고 가기에도 벅찼으니 여기저기 굽어 살필 만한 정신적인 여력도, 사회적인 지각도 없었다. 그 과정에서 어떤 의견은 대의(大義)에 묻히거나 소외되기도 했다. 전체를 위해 소수가 희생되는 게 당연하다고 여겨지기도 했다. '누가 누가 잘하나' 식의 교육을 받은 세대들로서는 나 이외의 다른 사람을 배려한다는 것 자체가 쉽지 않았다. '다 함께 잘해요'를 외치는 목소리는 당연히 설 땅을 잃었다.

하지만 어느 정도 경제 성장을 이루고 아래로부터의 민주화가 이루어지면서 그동안 숨죽이고 있던 소수자들의 목소리가 한꺼번에 터져 나오기 시작했다. 성장 일변도로 치닫느라 한 국가와 사회가 차근차근 밟고 겪어 내야 할 과정들이 생략된 데 따른 당연한 결과인지도 모른다.

문제는 이런 사회적 갈등을 어떻게 풀어 나갈 것인가 하는 점이다. 대한민국이 '갈등 천국'이라고 잘못 인식되지 않도록 구성원 대부분이 최소한의 합의에 따라 옳은 방향으로 함께 노를 저어 가야 하지 않겠는가. 그래야만 진정으로 잘사는 나라, 살고 싶은 나라, 존경받는 나라가 될 수 있을 것이다. 물론 사회적 갈등이 줄어든다고 해서 당장 우리나라 경제가 급성장하는 것은 아니다. 그러나 사회적 갈등 해결은 물질적인 성장보다 더 의미 있는 결과를 가져올 수 있다.

　자, 해답은 이미 나와 있다. 서로 자신의 입장을 한 걸음 양보하고 대화와 타협을 통해 사회적인 합의를 만들어 나가려는 노력이 필요하다. 이 과정에서 대중의 의견을 리드해야 할 관료 집단과 지식인의 각성은 무엇보다 중요하다. 편 가르기를 하면서 갈등을 증폭시키기보다는 쌍방을 대화의 장으로 이끌어 내고, 그 사이에서 지혜로운 중재자 역할을 해야 한다. 지금 대한민국은 증폭되고 복잡해져 가는 사회적 갈등을 원만히 해결하여 대타협을 이루는 일이 그 무엇보다 시급한 과제이기 때문이다.

　백범 김구 선생은 〈내가 원하는 우리나라〉라는 글에서 '집안이 불화하면 망하고 나라 안이 갈려서 싸우면 망한다. 동포 간의 증오와 투쟁은 망조이다. …… 우리는 개인의 자유를 극도로 주장하되 그것은 저 짐승들과 같이 저마다 제 배를 채우기에 쓰는 자유가 아니요, 제 가족을 제 이웃을 제 국민을 잘살게 하기에 쓰이는 자유다'라고 언급했다. 지금 우리 사회가 겪고 있는 온갖 문제를 해결하여 '살고 싶은 대한민국'을 만들기 위해서는 갈등의 치유가 가장 먼저라는 사실을 김구 선생은 이미 알고 있었던 게 아닐는지.

병든 노인도 행복할 수 있는 나라

국가는 개인의 마지막 보루가 되어야 한다

얼마 전 서울 강남에서도 부자가 가장 많이 산다는 도곡동에 위치한 어느 은행의 PB(Private Banking) 센터를 방문한 적이 있다. 복층 구조로 되어 있는 이 PB 센터는 일반 창구 역시 여타 은행과는 달리 고급스런 느낌이 물씬 풍겼다. 그러다 부자 고객들만 상대한다는 2층의 PB 창구에 들어서자 '여기가 은행이 맞나'라는 생각마저 들었다. 벽면을 장식하고 있는 그림들과 한눈에 봐도 돈깨나 들였을 법한 인테리어 등을 보자니 요새 유행하는 '럭셔리 하다'는 말밖에 어울릴 표현이 없을 듯했다.

대기실에 들어서자 은행 직원이 거의 무릎을 굽히고 다가와 눈높이를 맞추며 음료수를 권했다. 그 모습에 '은행 문턱이 높다'는 말도 여기선 적당한 표현이 아니구나 싶어졌다. 그러니까 은행 문턱도 사람 봐 가면서 높낮이를 조절하는 것이다. 당연히 돈 많은 사람들한 테는 자동으로 낮아진다.

한 번 더 놀란 건 그곳에서 일하는 PB를 만나고 나서였다. 나는 PB센터를 찾는 고객들이 으레 '이 담당자가 내 돈을 얼마나 잘 굴려 줄 수 있을지, 어디에 투자하면 좋을지'에 관심이 많을 것이라고 생각했다. 하지만 PB의 이야기는 달랐다. "요새 부자 고객들은 재테크에 대한 문의보다는 증여나 상속 등 자신들의 부를 어떻게 하면 자식들에게 무사히 잘 물려줄 수 있을지에 더 관심을 갖는다"는 것이었다. 가진 돈을 어디에, 어떻게 굴릴지에 대해서는 웬만한 PB들보다 부자 고객들이 더 잘 알고 있다는 귀띔이었다. 이미 강남의 최상위 부자들은 새로 돈을 버는 일보다는 자신들이 가진 재산을 어떻게 지킬지로 관심이 옮겨 간 것이다.

하지만 이런 얘기는 일반 서민들의 입장에선 그저 먼 나라 이야기일 수밖에 없다. 직장 생활을 하면서 받은 월급으로 자식들 뒷바라지를 하다 보면 은퇴 이후에 대한 최소한의 대비마저 충실히 할 수 없는 게 현실이다. 그래서 혹시나 성실하게 세금을 냈으니 노후에 나라에서 연금 등의 복지 혜택을 제공해 주지 않을까 내심 기대하기도 한다. 텔레비전이나 신문에서 흘러나오는 선진국들의 복지 제도 이야기를 들으면 부러운 마음이 생기기도 한다.

게다가 최근에는 정년 보장이니 평생 직장이니 하는 것은 언감

생심 꿈도 꾸기 어려운 상황이 되었기 때문에 노후를 생각하면 언제나 아찔하다. 갑자기 병이 들면 어쩌나, 명퇴다 뭐다 해서 실직 상태에 놓이면 나는, 내 가족은 어떻게 되는 걸까 불안하지 않을 수 없다. 유럽 어느 나라는 늙어도 먹고살 걱정이 없다는데 그 나라로 이민을 갈 방법은 없을까 하는 하릴없는 공상까지 하게 된다.

그 옛날부터 현재까지도 우리는 언제나 남의 나라 복지만을 부러워하며 살아온 게 사실이다. 성장 주도형 경제 시스템이 가진 한계 탓도 있지만, 그만큼 복지 문제에 관한 한 정책적·사회적 관심이 집중되지 못했기 때문이다.

2007년 4월에 발표된 OECD 통계 연보를 살펴보면 2003년의 경우 연금과 사회 보장, 건강 보험 등 우리나라의 사회적 공공 지출 규모는 GDP 기준 5.7%로 OECD 회원국 평균의 4분의 1 수준에 불과했다. 또 이 지출 가운데 공적 부담 규모(세금 체계 영향 제외)는 GDP의 5.9%로 조사 대상 OECD 24개국 중에서 꼴찌였다. 반면 민간 의무 부담 규모는 GDP의 1.8%로 평균의 배가 넘었다. OECD 회원국 중 민간 의무 부담 규모가 우리나라보다 큰 나라는 아이슬란드, 호주, 핀란드 등 3개국에 그쳤다.

OECD는 우리나라의 사회적 공공 지출이 이처럼 저조한 것은 연금 지출이 GDP의 1% 수준으로 OECD 평균보다 훨씬 낮다는 점과 상대적으로 낮은 실업률, 사회 복지를 정부보다는 가정과 기업의 책임으로 간주하는 전통 때문으로 꼽았다.

물론 1인당 국민 소득과 노인 인구 비중 등을 감안하면 우리나라의 복지 재정 지출*이 OECD 30개 회원국 가운데 결코 낮은 수준이 아니라는 분석도 있다.

IMF의 〈정부 재정 통계 연감〉을 보면 우리나라의 복지 재정 지출이 OECD 회원국 중 꼴찌 수준이지만 이 지출에 큰 영향을 미치는 연금의 성숙도(가입자 수 대비 연금 수급자 비중)가 낮기 때문에 단순 비교는 곤란하다는 것이다. 즉 연금 성숙도가 높으면 고령 인구 비율이 높아 복지 재정 지출이 더 많아야 하지만, 우리나라는 2007년 기준으로 4대 공적 연금 평균이 OECD 회원국의 12.8%에 불과해 표면적으로 복지 재정 지출이 낮게 보일 뿐이라는 의미다. 또 1인당 국민 소득 역시 OECD 평균의 3분의 1 수준이라는 점을 감안할 때 결코 낮은 수준이 아니라는 지적이다.

그렇더라도 전반적으로 우리나라의 사회 복지 수준이 낮다는 분석에 대해서는 이견을 내놓기가 쉽지 않다. 또한 OECD의 분석대로, 우리나라가 그간 복지 수요 자체를 국가보다는 혈연이나 지연에 의해 해결하려 한 것도 결코 틀린 이야기가 아니다. 사실 과거 우리 국민 중 누구도 '개인의 고통을 국가에서 해결해 주는 것이 당연하다'

---

* 사회 복지 및 보건 분야 지출을 합한 금액.

고 생각해 본 적이 없지 않은가. 오히려 국민이 국가의 고통을 해결하는 데 활용된 적이 더 많았다.

실제로 HSBC그룹이 영국의 옥스퍼드 대학과 공동으로 전 세계 21개국의 40~70대 2만 1000명을 대상으로 실시한 설문 조사 내용을 살펴보면, 우리나라의 복지 수요는 상당 부분 가족들이 부담하고 있는 것으로 나타났다.

우리나라는 60대의 83%와 70대의 64%가 은퇴 이후에도 가족들에게 경제적인 지원을 해 주고 있으며, '은퇴 이후 돈 걱정이 되느냐' 라는 질문에 대해서도 50대의 50%가 '그렇다' 고 대답했다. 이는 미국(40%), 덴마크(20%) 등 선진국을 크게 웃도는 수치이다. 특히 선진국에 비해 퇴직 연령도 빨라 노후를 대비할 만한 시간적·경제적 여유가 매우 부족하다.

그러다 보니 요즘 들어서는 정부가 개인의 노후를 책임져 주길 바라는 목소리도 커졌다. 앞의 조사에서 '노인을 위한 재정적 지원의 주체' 를 묻는 질문에 대해 응답자의 46%가 '정부가 해야 한다' 라고 답한 것이다. 반면 '개인 스스로 해야 한다' 는 대답은 14%에 그쳤고, 가족이 해야 한다는 대답은 38%였다.

영국이나 프랑스, 스웨덴 같은 복지 선진국들은 이미 오래전부터 정부가 시민과 개인의 생계와 노후, 장애 문제에 개입, 지원하는 정책을 실시해 왔다. 그 가운데 노인 복지 측면만 놓고 보더라도 우리로

선 부럽지 않을 수 없다.

여성 평균 수명이 79.5세인 영국은 제2차 세계 대전 직후인 1945년 무렵부터 노인 복지 서비스를 시작했는데, 1946년에는 국가의료 서비스법에 따라 전 국민에게 무료로 의료 서비스를 실시했다. 영국의 의료 보장 제도가 가진 최대 특징은 그 재원의 대부분을 세금으로 충당한다는 점이다. 따라서 노인은 말할 것도 없고 일반 젊은이들도 병원비 또는 약값을 자기 부담으로 하지 않는, 쉽게 말해 국가가 모든 의료 서비스를 제공하는 국민보건제도(National Health Service)를 실시하고 있다.

또 1948년에는 사회보장법(Social Security Act)과 국가보조법(National Assist Act)을 제정하여 생계로 어려움을 겪는 노인들이 안정된 생활을 누릴 수 있도록 조치했다. 영국은 현재 65세 이상 노인 19.0%에게 공적부조법에 따라 최저 생계비를 지급하고 있다. 아울러 가정 봉사원 파견과 같은 재가 노인 복지 사업에 예산을 집중 투자해 노인 38% 정도가 실비 또는 무료로 가사 지원에서 간병, 배식, 레크리에이션 같은 각종 재가 서비스를 제공받는다.

한편 1960년대에 이미 노인 복지 문제를 고민하기 시작한 프랑스는 1980년대에 노인복지부와 중앙 정부 부처별 노인복지대책위원회를 신설해 노인 복지를 국가 중심 정책으로 펼치고 있다. 프랑스 노인 복지 정책의 모토는 '노인은 지역 사회에서 보호해야 한다'이며, 이 원칙에 따라 지방 자치 단체가 의료 및 간병 보호 사업, 주택 사업, 노인 여가를 위한 클럽 사업, 가정 보호 서비스 등을 제공함으로써 프랑스 노인의 94%가 이러한 혜택을 받으며 지역 사회에서 주민들과 더불어 살고 있다.

프랑스의 노인들 역시 의료 복지 혜택*과 연금 혜택**, 교통 요금 할인 혜택 등을 두루 받고 있지만 정부는 특히 노인 여가 활동과 노인 주택 건설에 많은 투자를 하고 있다. 프랑스의 노인들은 전국에 있는 제3세대 대학과 노인 여가 대학에서 언어, 역사, 미술, 컴퓨터 등 10여 개 과목의 학습 프로그램과 오락 · 스포츠 활동을 즐길 수 있으며, 이에 대한 모든 관리와 운영비는 정부와 지자체가 분담한다.

가장 본받을 만한 복지 국가 모델로 알려져 있는 스웨덴도 노인 인구 비율이 17.4%로 으뜸가는 장수 국가다. 이 나라의 노인들 역시 95% 정도가 자녀와 따로 살고 있지만, 근거리에 사는 자녀들로부터 충분한 보살핌을 받는다. 또한 마을마다 지역 사회에서 보살피는 노인 보호 시설이 설치되어 있다.

그러나 스웨덴의 노인 복지 정책의 특징은 노인이 이런 시설보

---

*대부분의 노인이 별도로 제정된 법률에 따라 의료비 면제 혜택을 받고 있다.
**프랑스의 연금 제도는 직업 관련 노령 연금과 기초 생활 보장 연금으로 나뉘는데 전자의 경우 37년 이상 갹출금을 불입한 60세 이상 노인에게 과거 소득이 제일 많던 10년 동안의 평균 소득 70% 정도를 수급해 준다. 반면, 기초 생활 보장 연금은 국가가 조세 부담에 의해 그 재원을 조달하기 때문에 일정 소득 이하의 노인층으로 수급 대상이 국한된다.

다는 자신의 집에서 지내며 이웃 주민들과 더불어 살도록 하는 노멀라이제이션 이념(nomalization concept)이다. 즉 노인이 되어서도 지역 사회에서 고립되지 않고 가급적 자신이 젊었을 때 살던 지역에 그대로 머물면서 친근한 사람들, 익숙한 환경과 더불어 노후를 보내도록 유도하는 것이다. 따로 조성된 양로 시설에 보내는 것 자체가 나쁜 일은 아니지만 그것이 자칫 노인 복지의 기본 이념과 상반될 수 있다고 여긴다.

이에 따라 스웨덴은 노부모를 모시는 직장인을 위해 정책적으로 유급 휴가제를 실시하고 있으며, 장기간 부모를 간병해야 할 상황에 놓인 직장인들에게는 정부가 휴직이 가능하도록 지원해 주거나 유급 간병인을 고용해 준다.

비록 노인 복지 측면에만 국한해서 살펴본 사례들이기는 하지만, 이것만으로도 이 세 나라의 사회 복지 정책들이 단기간에 급조된 것이 아닌 오랜 역사를 두고 사려 깊게 연구, 실천된 결과물임을 알 수 있다. 따라서 이들 선례는 앞으로 고령화와 양극화 등의 문제 앞에서 새로운 분배 정책에 대해 고민해야 하는 우리 사회에 시사하는 바가 크다. 특히 스웨덴은 사회 보장 및 사회 복지 분야에선 세계적으로 독보적인 국가다. 아니나 다를까, 스웨덴은 사회 보장을 위해 지출되는 비용이 GNP 대비 30%, 국민 소득 대비 42%나 된다. 그 나라의 복지가 그냥 공으로 얻어진 게 아니라는 뜻이다.

결국 스웨덴 국민은 자신의 소득액 중 적게는 38%에서 많게는 50% 내외까지 세금으로 낸다. 이와 같이 과중한 세금을 분담하면서도 스웨덴 국민 대다수는 사회 보장 체제를 유지하기 위해선 어쩔 수 없는 일이라고 생각한다. 스웨덴 정부는 몇 년에 한 번꼴로 이와 관련된 국민 의식 조사를 실시하는데, 대부분의 조사에서 '부담이 크더라도 높은 수준의 복지 체제를 계속해서 유지하길 원한다'고 답변하는 비율이 매우 높게 나타난다.

현재 우리나라 국민의 조세 부담률은 24.4%다. 스웨덴의 절반 수준에 불과하다. 그만큼 복지 혜택을 덜 누리는 것이라 할 수 있다. '공짜 점심은 없다'는 말이 틀리지 않은 것이다. 복지 혜택을 누리고는 싶지만 당장에 복지 정책을 실현할 수 없는 것은 이러한 국민적 부담감, 더 공평한 과세 방법에 대한 고민 등 여러 가지 장애 요인이 분명 존재하기 때문이다. 또한 최근에는 유럽식 복지 정책들이 가진 한계도 지적되고 있다. 즉 과도한 복지 정책은 자칫 노동 생산성을 떨어뜨릴 수도 있다는 것이다.

다시 스웨덴의 예를 들자면, 2003년 한 해에도 노동자들이 아프다는 핑계로 병가를 쓴 날이 모두 1억 일에 달했다고 한다. 1998년 5000만 일이던 것이 5년 만에 두 배로 늘어난 것으로 1인당으로 계산하자면 1년에 한 달 가까이 병가를 쓴 셈이다. 이에 따라 최근 스웨덴은 '퍼 주기식 복지 혜택', '국가가 먹여 살리는 복지'에서 벗어나

'국민이 스스로 일하면서 혜택을 얻는 복지'로 바꾸어 가고 있다.

그러나 복지 선진국들이 몇 가지 과다 복지 후유증을 겪고 있다고 해서 '그건 실패한 모델이니 참고할 필요가 없는 것'으로 성급히 판단해도 좋을까? 아직 복지의 문턱조차 제대로 밟아 보지 못한 우리나라가 그 문턱을 넘어 봐야 소용없다고 호언장담해도 되는 것일까? 더군다나 고용 없는 성장의 가시화로 노동 시장은 갈수록 불안정해지고, 급속한 고령 사회 진입이 예견되는 상황인데도 말이다.

대한민국 헌법 제10조는 '모든 국민은 인간으로서 존엄과 가치를 가지며, 행복을 추구할 권리가 있다'고 규정해 놓았다. 또 제34조에는 '국가는 사회 보장·사회 복지의 증진에 노력할 의무를 진다', '국가는 여자의 복지와 권익의 향상을 위하여 노력하여야 한다', '국가는 노인과 청소년의 복지 향상을 위한 정책을 실시할 의무를 진다'라고 규정되어 있다.

너무 당연한 이야기지만, 복지 정책의 확대 및 정비는 국민을 위해 국가가 행사해야 할 권리이자 의무이다. 정부 예산의 많고 적음이나 복지 정책 수혜 정도를 따지기에 앞서, 국민 개개인의 삶의 질 향상을 위해 가장 시급한 일이 무엇인가를 고민해야 한다. 그것은 바로 현재의 소비를 줄여 미래의 지출에 대비하는 지혜를 찾는 일이다.

과연 희망 꽃은 피었는가?

〈비전 2030〉, 진정한 미래 설계도로 완성되려면……

말할 것도 없이 우리는 모두 '행복한 나라'에서 살고 싶어 한다. 그리고 그 행복한 나라란 바로 '꿈꿀 수 있는 나라', '희망을 품을 수 있는 나라'이다. 반대로 국민의 내일이 보장되지 않는 나라, 국민이 마치 하루살이처럼 살아야 하는 나라에서는 결코 행복에 대해 말할 수 없다. 그래서 각 나라의 정부는 국민의 '희망'을 설계하느라 지금 이 순간도 분주하다.

2006년 여름, 참여정부 역시 1년여 동안 60여 명의 전문가를 T/F 팀으로 구성하여 치밀한 논의 끝에 중장기 비전 보고서 〈비전 2030〉을 내놓았다. '함께 가는 희망 한국'이라는 슬로건을 달고 나온 이 보고서에 따르면, 우리나라 국민의 미래 생활은 다음과 같다. 언뜻 보면 유토피아가 멀리 있지 않구나 싶을 정도로 장밋빛이다.

우선 2030년 무렵이면 60대 이상 노인들 3분의 2가 연금 혜택을 받게 되고, 치매·중풍 노인을 사회에서 책임지는 시스템이 정착될 것이라고 한다. 또한 건강 보험 보장률이 꾸준히 상승하여 2030년이면 '전 국민 85%' 라는 달성률을 자랑하게 될 것이고, 친환경 인증 농산물 생산 비율도 20%나 되어 국민 모두가 병 걱정 없이 건강한 생활을 누리게 될 것이란다. 삶의 질 또한 꾸준히 상승하여 2030년이면 세계 10위 수준이 되리라는 게 보고서의 예측이다.

어디 이뿐인가. 보고서 안의 행복한 미래는 끝도 없이 이어진다. 공공 임대 주택 비율은 16%에 달하게 될 것이고, 국민 문화 향유율은 무려 95%를 육박할 것이며, 공공 도서관 하나당 인구수는 현재의 9만 명에서 채 절반도 안 되는 4만 명 정도로 줄게 된다. 마음만 먹으면 큰돈 들이지 않고도 가까운 곳에서 언제든지 '문화생활' 을 향유할 수 있게 된다는 얘기다.

아울러 투명하고 상부상조하는 사회, 안심하는 사회가 도래할 것이며, 능력과 의사만 있다면 누구나 평생 배우며 일할 수 있을 것이고, 그때쯤이면 비정규직 차별 같은 것은 사람들 기억에도 없을 정도로 까마득한 옛 이야기가 되리란 기대감도 이 보고서에는 담겨 있다.

현재 모든 학부모의 골칫거리인 교육 문제 또한 해결의 실마리를 얻게 될 것 같다. 예컨대 워킹맘들이 아이들의 사교육비 걱정을 하지 않아도 되도록 방과 후 활동 수혜율을 획기적으로 높일 것이고, 학교에서 배운 지식을 사회에서 곧바로 활용할 수 있도록 '대학 교육 사회 부합도'를 세계 10위 수준으로 끌어올리겠다는 포부도 담겨 있다.

이 밖에도 여성, 맞벌이 부부, 장애인, 저소득층, 농업인·어업인을 위한 갖가지 행복한 비전에 대해 소개하고 있다. 이대로만 된다면 더 바랄 게 없을 정도다. 그러나 과연 정부가 공언한 대로 '희망 꽃'은 피어나고 있는 것일까?

참여정부가 〈비전 2030〉을 발표하자 각계에서 다양한 비판이 나왔다. 많은 사람이 '비전'의 필요성, 그리고 '비전 설계'의 시급함에 대해 동의했지만, 그런 사람들조차 이 보고서가 왠지 여름 방학을 앞둔 학생이 흥분에 겨워 짜 놓은 '생활 계획표' 같다는 느낌을 지울 수 없다고 했다.

우선 비전의 실효성에 대한 의문이 제기되었다. 1100조 원이나 되는 재원을 어떻게 마련할 것이냐는 여론의 추궁이 이어졌다. 참여정부는 비전 계획만 세웠을 뿐 구체적인 재정 계획은 마련해 놓고 있지 않은데, 그렇다면 재원 마련이나 집행은 다음 정부로 떠넘기려는 것이냐는 비난도 일었다. 외환 위기 이후 국가가 공적 자금을 투입하느라 국민의 조세 부담률을 점점 높여 왔고 국가 부채도 늘고 있는데, 먼 미래의 복지를 핑계로 국민에게 또다시 크나큰 고통의 짐을 지우려는 것이냐는 비판이다.

그리고 〈비전 2030〉이 왜 하필 정권 말기를 향해 가는 시점에서

느닷없이 발표되었느냐는 비판도 있었다. 야권과 보수 여론에서는 이구동성으로 "대선용 선심성 정책이 아니냐"며 비난을 쏟아 부었다. 그들은 "뜬구름 잡기식 정책으로 국민을 호도하지 말라"고 열을 올렸다. 이에 참여정부는 정권 초기부터 '미래 전략'을 준비해서 다져 온 것일 뿐이라고 대응했지만, 결국 다음 정권이 누가 되느냐에 따라, 그리고 그 정권이 가진 정치적 신념과 철학에 따라 애써 짜 놓은 국가 중장기 전략은 그 방향이 완전히 틀어진 채 다시금 항로를 잃은 배가 될 처지에 놓이기 십상이다.

이 밖에도 〈비전 2030〉을 잇는 지속적인 연구와 핵심적인 정책 수행 부족, 여론의 지지를 기반으로 한 전술적 후속 조치 미흡, 큰 정부 및 증세 등 갖가지 문제 제기와 비판적 논란을 불러일으킨 것이 사실이다.

아무래도 '복지'를 기반으로 한 사회 비전에서 출발한 탓에 〈비전 2030〉에는 전술적 구체성과 섬세함이 부족하다. 하지만 〈비전 2030〉을 계기로 '과연 대한민국의 미래는 구체적으로 어떠해야 하는가'에 대한 사회적 공론의 장이 마련되었다는 점만은 분명해 보인다. 그런 의미에서, 〈비전 2030〉을 둘러싼 가장 큰 문제는 그 보고서 자체가 아니라, 미래 비전에 대한 사회 지도층의 심사숙고가 부족한 점이 아닌가 싶기도 하다.

여러 가지 비판에도 불구하고 〈비전 2030〉의 문제의식은 옳다.

혹자들은 이 정책이 단순히 '증세'를 위한 수단에 불과하다고 힐난하지만, 그건 억측이다. 누가 뭐라든 〈비전 2030〉은 분명 저출산, 고령화, 양극화 등 우리 사회가 직면한 문제를 원만히 풀어 나가고 더 나은 미래를 설계하기 위해 마련된 국가적 차원의 장기 종합 전략이다. 정부가 충분히 예상되는 논란을 감수하면서까지 〈비전 2030〉을 발표한 까닭은, 더는 국가의 중장기 전략에 대한 논의를 늦출 수 없다고 판단한 탓일 것이다. 국내외적으로 위기가 파도처럼 달려드는데, 가만히 앉아서 그걸 바라보고만 있을 수는 없다는 나름의 긴박한 위기감의 발로였으리라 생각한다.

그런데도 야당과 보수 언론이 비난 일색으로만 치닫는 것은 자칫 '반대를 위한 반대', '정책이 아닌 정치적 싸움', '기득권을 놓치지 않기 위한 저항'으로 비쳐질 수 있다. 정치적 신념이 다르고 다소 상황 인식이 다르다 해도, '국가적 대계'로 발표된 비전 계획에 대해서는 보다 적극적인 관심과 함께, 사안을 투명하게 바라보려는 마음가짐이 필요하지 않을까. 언제까지 미래 정책을 만들어 가는 일은 제쳐 두고 정쟁과 흠집 내기에만 골몰할 것인가.

책임감을 가진 정치인이라면, 옳은 것은 옳다고 말할 수 있는 용기가 필요하고, 모자란 것은 함께 채워 가려는 의지도 필요하다. 그것이야말로 국민이 행복한 나라를 만들기 위해 지도자들이 가져야 할 가장 기본적인 덕목이기 때문이다. 비판자들의 비판이 곧이곧대로 들리지만은 않는 까닭은 과연 그들의 비판이 누구를 위한 것인지 헷갈릴 때가 많은 탓이다.

미래 계획을 짜는 것은 국가의 당연한 책무다. 그리고 그 작업은 항시적으로 이루어져야 한다. 대통령 선거를 앞두고 있다 해서 미뤄도 되는 그런 성질의 사안이 아니다. '방향이 옳다'는 데 동의가 이루어졌다면, 그 하부 범주에서 더 구체적인 결과물들을 내놓기 위하여 야 할 것 없이 머리를 맞대야 할 것이다. 국가의 장기 전략이란 결코 한 정권에 국한된 과제가 아니니까 말이다.

국가의 장기 전략을 세우는 일은 무엇보다 국민의 '희망'에 관한 사안이다. 너무나 먼 것 같아도 저 안개 너머에 '집'이 있다는 희망만 있다면 나그네는 깊고 어두운 산길을 꾸준히 걸어갈 수 있다. 그리고 희망이란 원래부터 있는 것이라 보기 어렵다고 루쉰 선생도 말하지 않았는가. 몸소 중국의 희망을 실현한 루쉰에 따르면 희망이란 '지상의 길'과도 같다. 본디 이 땅에는 길이 없었지만, 걷는 사람이 많아져 길이 만들어졌다는 뜻이다. 비전을 향한 대한민국의 '희망길'도 그렇게 어느 순간 누구나 맘껏 지나다니는 길이 되어 있을지 모른다. 그러려면 누군가가 먼저 그 길 위에 올라 첫 번째 발걸음을 내디뎌야 한다.

Vision
Korea